또 다른 나를 만나게 해줄

60대, 영국한달살기

박종국

"여행은 그곳에 두고 온 나를 찾아가는 시간이라는 생각이 든다."

네가 나와 같은 공간에 함께 있기를

차례

들어가며 6

I. 여행을 떠나며 8

새로운 시작을 꿈꾸며 9
영국으로 첫 발걸음 16
두려움을 설렘으로 28

II. 일상의 작은 행복 45

영국 마트에서 장보기 46
영국인의 축구 이야기 53
영국 가정집에서 한 달 살기 61

III. 예술과 역사 속으로 72

런던 도심에 숨은 이야기 73
예술의 심장, 내셔널갤러리 90
영국의 보물상자, 대영박물관 97

Ⅳ. 도시의 매력을 찾아서   106

요크셔 푸딩을 아시나요?   107
빌리 엘리어트의 고향, 더럼   115
슬픈 신화의 땅, 스코틀랜드   121

Ⅴ. 영국의 이웃을 만나러   136

무엇이든 괜찮은, 네덜란드   137
인어공주를 만나다, 덴마크   150
피오르의 나라, 노르웨이   159

Ⅵ. 여행의 끝, 새로운 시작   171

여행은 계속된다   172

마치며   180

들어가며

 여행을 떠나기 전엔 긴장과 설렘이 공존하다가 여행을 떠나는 순간 떨칠 수 없는 두 마음이 부딪친다. 하나는 일상의 속박에서 벗어난다는 기대와 흥분, 그리고 낯선 환경에 대한 막연한 불안감이다. 흥분과 불안감이야말로 여행의 본질일 것이다. 출국 전날 밤엔 잠을 한숨도 못 잤다. 기대와 걱정이 도돌이표처럼 반복되어 잠을 이룰 수 없었기 때문이다.

 한 달을 기약하고 떠나는 이유는 미치도록 영국이 그리워서가 아니라 그냥 무작정 떠나고 싶은 마음이 먼저였다. 떠나면 뭔가 기다리고 있을 것 같은 환상이 있었기 때문이다. 그만큼 나에겐 힐링캠프가 필요했다. 세 직장을 거치는 30년간 직장생활은 두 번의 타의에 의한 퇴직과 한 번의 자발적인 퇴직으로 마무리되었다. 그사이 내 인생에서 가장 소중한 것을 상실하는 이별의 고통이 있었다. 견딜 수 없는 고통의 시간은 지금도 계속되고 있지만, 그 절망 속에서 한 줄기 빛을 찾고 싶은 간절한 생각으로 가득 차 있었다.

여행을 떠난다고 해서 어떤 일들이 갑자기 생기거나 내 인생에서 대단한 깨달음을 여행에서 얻을 수 없음을 잘 알고 있다. 여행에서 돌아와도 나의 문제는 그대로 남아 있을 것이다. 그런데도 여행을 떠나는 이유는 무엇일까? 낯선 도시의 이국적인 풍경과 바람 소리, 생경한 언어가 잠시나마 나를 잊고 또 다른 나를 만나게 해줄 거라는 믿음과 희망이 있기 때문이다.

그런 의미에서 내 가슴속에 생기를 불어넣어 주는 여행이 되길 바랐고, 내 안을 비우고 다시 채우고 싶은 간절한 희망여행이 되길 꿈꾸며 출발한다. 추억앨범을 만들어 가고 싶다는 것과 나뭇잎 사이로 비친 햇살 한 조각이 내 마음의 빈자리를 채워준다면 난 그것으로도 충분할 것이다. 그리고 의지만 확고하다면 세상 어떤 일도 나이와 관계없이 시작할 수 있다는 용기와 언젠가 먼 여행을 떠나는 사람과 이 이야기를 나누고 싶었다.

2024년 12월
박종국

I. 여행을 떠나며

새로운 시작을 꿈꾸며

　새롭고 낯선 곳의 또 다른 경험은 박제처럼 기억에 저장된다. 여행의 첫발을 내딛는 떨리는 순간, 그 순간이 가장 행복하고 내 인생 시계를 멈추는 마법 같은 기적을 체험하게 한다. 아름다운 자연이 병풍처럼 서 있는 땅에서 나를 비우고 다시 채우는 여행이 되길 꿈꾼다. 다양한 문화가 공존하는 도시와 속이 뻥 뚫리는 너른 들판 가운데 드넓은 파노라마 뷰와 바람 소리를 듣는 순간은 누구도 부럽지 않게 될 것이다.

　여행은 새로운 나를 깨닫게 하는 시간이다. 가까우면 오히려 보이지 않던 것을 볼 수 있는 탐험의 시간을 제공하고 그 자체만으로도 위로와 평안을 안겨준다. 누군가 여행은 두 발로 서서 하는 독서라고 한 것처럼 보석 같은 감정들을 채우고 언제 어디서나 다시 만나게 될 그

날을 그리워하며 떠나는 것이다.

 앨범 속 사진으로 시간여행을 떠나듯 내 인생 추억앨범을 다시 만들고 싶은 마음이 내가 여행을 떠나는 이유이다. 영원히 채워지지 않는 부재를 끌어안고 허우적거리는 나를 제대로 바라보고 싶은 용기를 얻기 위함이 여행을 선택한 또 다른 이유이기도 하다. 여행에서 얻는 것은 사진만이 아니라 여행의 모든 순간이 새롭게 느껴지는 것이 또 다른 여행의 의미일 것이다.

 여행에서 얻는 것은 추억만이 아니다. 먼 과거의 기억이 힘들게 할 때도 있다. 그 추억은 며칠 전 생생한 기억으로 돌아와 지우려 해도 지워지지 않는 아픈 선율처럼 내 안에 도사리고 있다. 잊히지 않는 것과 잊을 수 없는 것이 존재한다. 기억과 망각 사이 슬픔도 시간 속에서 기억이 풍화되어 부재의 슬픔이 시간 속에서 바래지는 사진처럼 느껴지는 것이 더 아프다. 그래서 떠난다.

여행 가이드북에도 없는 나만 찾아갈 수 있는 숨겨진 곳으로 떠나고 싶다. 누군가는 많은 것을 보고 싶어서 여행을 떠나고 누군가는 새로움을 찾아 여행을 떠난다. 누군가는 어떤 이를 만나기 위해 여행을 떠나고 누군가는 기억을 지우기 위해 여행을 떠난다. 누군가는 세상의 모든 것과 단절하기 위해 여행을 떠난다. 여행이 저절로 나를 바꾸는 것이 아니라 여행을 통해서라도 내 삶을 바꾸겠다는 절실한 의지가 필요했다. 내 인생에서 무모하지만 아름다웠던 용기에 대한 기억과 고단한 시절을 이겨낸 삶의 흔적을 되돌아보고 싶은 간절한 마음이 있었다.

길을 헤매는 것도 여행 중 즐거움의 하나이고 햇살 좋은 날 한순간도 같은 풍경을 볼 수 없는 것도 여행의 축복이다. 돌아서고 싶은 곳에서 한 발자국만 더 나가면 그때부터 진짜 여행이 시작되는 것이다. 잃어버린 설렘을 찾을 수 있는 곳에서 여행은 신이 차린 풍경을 마음껏 감상하는 시간이기도 하다.

 여행하다 보면 카메라의 존재가 턱없이 무력해질 때가 있다. 아무리 잘 찍어보려고 해도 렌즈 안에 모든 것을 담을 수 없다. 내가 잘 찍지 못하는 것도 있지만, 렌즈 밖 세상이 압도적이다. 그 순간 사진으로는 도저히 담을 수 없는 내 마음속 풍경을 만나고 있다.

 아무리 열심히 돌아봐도 뭔가 허전한 것이 있다. 바라보는 것만으로는 제대로 보지 못한 그 무엇이 있다. 한 장소에 오래 머물고 바라봐야 느낄 수 있는 감각들이 있기 때문이다. 마치 오랜 친구와 재잘대는 수다처럼 편안한 시간이 필요하다. 여행 중에 만난 무거운 여행용 가방과 배낭을 메고 기차를 타는 청춘을 보면서 얼마나 대단한지 마음속으로 응원의 박수를 보낸다. 나도 좀 더 일찍 용기를 냈더라면 하면 아쉬움과 후회가 든다. 그래서 늦었지만 나도 해보기로 한다.

여행과 한 달 살기의 차이는 뭘까? 이른 새벽부터 늦은 시간까지 많은 이름난 관광지를 둘러보는 여행과 천천히 동네에서 현지인처럼 호흡하는 여행의 차이가 아닐까. 한 달 살기는 그날 특별한 일정이 없어도 볕 좋은 공원 벤치에 앉아 사람들을 구경하는 것만으로도 그 하루는 충분할 것이다. 관광지에 대한 욕심을 버리고 오래 머물며 그곳의 일상에 스며드는 여행, 결국 한 달 살기는 여행자의 태도일 것이다.

하루에 한 가지 계획만 짜고 관광객들이 가는 음식점이 아닌 기쁨을 만끽해 보면 어떨까?

여행은 하루하루가 피크닉이다. 서울에서 공원이라는 존재를 자각하지도 못한 채 지냈지만, 이곳은 일부러 찾아가는 특별한 공간이 아닌 여행자가 마음의 사치를 부릴 만한 자연스러운 공간이며 바라만 봐도 영혼이 쉬어 갈 것 같은 그림 같은 풍경이다.

영국으로의 첫 발걸음

이번 여행의 시작은 영국 바스에서 공부 중인 딸과 통화 중에 결정되었다. 평소 한식을 유난히 좋아하는 딸이 먹고 싶은 한식 이야기를 하다가 그 음식들을 내가 가지고 가기로 하면서 여행이 시작된 셈이다. 예상치 못한 여행은 곧 특별한 여행이 되고 예측할 수 없는 순간들이 발생하기도 한다. 이것이 진정한 여행의 묘미가 아닐까?

그동안 해외여행을 하면 1~2주, 아무리 길어도 3주 정도였는데 이번엔 아예 두 달 정도로 체류 기간을 늘렸다. 단순히 여행하는 것이 아니라 현지인처럼 살아보면 어떨까 하는 생각으로 말이다. 딸과 함께하는 특별한 여행에 일단 부딪쳐 보기로 했다.

14시간 30분이라는 긴 비행시간과 입국 심사의 긴장감이 밀려왔다. 드디어 런던 히드로공항에 착륙했다. 입국 심사장에서 긴장감은 여전히 익숙지 않다. 자동 입국 심사로 10분 만에 가볍게 통과한다. 긴장되었지만 역시 대한민국 여권 파워가 남다르다. 자동 심사 대상 국가가 얼마 되지 않아 왠지 어깨에 힘이 들어간다.

입국 심사를 마치고 나오니 벌써 수화물 컨베이어에서 짐이 나오고 있다. 작년엔 입국 심사 후 짐이 나오지 않아서 한 시간 이상 기다린 경험이 있는데 이젠 공항이 정상화되었나 보다. 짐을 찾아 나오니 딸이 나를 기다린다. 1년 만의 해후, 반갑고 또 반갑다. 멀리 이국땅 낯선 공항에서 낯익은 반가운 얼굴을 본다는 것이 얼마나 행운이고 안도감이 드는지 경험한 사람은 알 것이다.

1년 만에 맡아보는 익숙한 듯하면서도 이국적인 낯선 나라의 체취가 그대로이다. 하늘이 다르다. 공항을 빠져나오면서 맨 먼저 느끼는 이질감은 냄새와 하늘이다. 히드로공항에서 엘리자베스 열차를 타고 약 30분 정도 패딩턴역으로 이동한다. 패딩턴역은 빅토리아역과 함께 히드로공항에서 대부분 거쳐 가는 역의 하나로 서남부 환승역이다. 아마도 서울이라면 홍대입구역쯤에 위치하는 역일 것이다.

 서울엔 기차역이 몇 개 없지만, 런던엔 기차역만 10개 이상이다. 증기기관차를 처음 발명한 나라이고 원래 철도가 발달한 도시라서 기차역이 많지만, 서울역처럼 런던 이름이 들어간 런던역이 없어서 아쉬운 생각이 든다. 아마도 오랫동안 군주의 통치를 받은 나라여서 그런 것이 아닌가 추측해본다.

패딩턴역은 런던에서 영국의 서부지역으로 향하는 기차의 출발역과 종착역으로 유명한 GWR(Great Western Railway)의 본거지이다. 열차가 플랫폼에 정차된 모습은 우리 기차역과 다른 모습이어서 내가 런던에 있다는 사실을 실감하는 순간이기도 했다. 패딩턴역에서 딸내미가 거주하는 바스까지 GWR을 타고 1시간 30분가량 이동하기로 했다. 영국 물가가 비싸서, 철도요금도 만만치 않다. 인당 26파운드로 오만 원 정도인데 서울에서 부산까지 요금과 비슷할 정도로 비싸다. 영국 기차는 좌석 위쪽에 좌석번호가 있는데 승객이 가는 목적지가 표시된다. 누구나 앉을 수 있는 자유석은 초록색으로 표시되어 좌석표가 없는 승객은 적당한 위치의 자유석을 찾아 앉으면 된다.

오후 10시쯤 바스에 도착하니 쌀쌀한 바람이 분다. 반소매보다는 긴팔이 어울리는 날씨다. 불과 14시간 전 서울은 불볕더위였는데 이렇게 차이가 나다니, 세상은 넓어도 너무 넓구나 하는 생각이 든다.

딸이 공부하는 바스는 런던에서 서쪽으로 약 1시간 30분 거리에 있는 고대 로마인이 세운 아름다운 도시다. 도시 이름에서 알 수 있듯이 고대의 온천과 목욕탕 흔적을 고스란히 간직한 유적지이다. 에이본강 가에 펼쳐진 작고 우아한 한 폭의 그림 같은 곳으로 도시가 내려다보이는 엘리자베스 언덕에 올라 차 한 잔에 사색에 잠길 수 있는 멋진 보석 같다. 바스는 우아한 건축물에 둘러싸인 온천과 대학도시로 이 작은 도시에 대학이 5개가 있다. 상류계급이 모이는 고급 리조트 지역과 벌꿀색의 석재로 지은 건축물이 온 도시를 채우고 있다. 아직도 도시건축물의 규제가 많아서 요즘 새롭게 짓는 건축물도 기존의 건축물과 유사한 색감의 석재를 이용해야 한다. 도시 전체가 한 장의 그림엽서 같다.

바스는 1987년 도시 전체가 유네스코에서 지정한 세계 유산으로, 유서 깊은 역사 도시다. 약 1세기 중반 로마인들이 세운 로만바스와 973년 에드거왕의 대관식이 열렸던 바스 사원 그리고 바스의 대표적인 건축물인 로열 크리센트 등 많은 관광객이 런던을 거쳐 한 번쯤 다녀가는 곳으로 알려져 있다.

영국의 대학교는 대부분 국공립으로 운영된다. 우리나라는 서울에 유명한 대학이 몰려 있지만, 영국은 런던뿐만 아니라 영국 각지에 유명 대학들이 퍼져 있는 것이 특징이다. 세계 최고 대학 중 하나인 옥스퍼드나 케임브리지가 런던이 아닌 다른 지역에 있는 것이다. 각 지역을 대표하는 좋은 대학들이 있는 것은 중세 이후 영주들이 다스리던 오랜 역사와 전통이 아닐까 하고 생각해 본다.

바스대학교는 우리나라에 그리 잘 알려지지 않았지만 짧은 역사에도 불구하고 빠르게 성장한 학교이다. 2024년 Complete University Guide에 따르면 영국 내 10위권 학교로 평가받고 있다. 물론 각 평가 기관마다 차이는 있지만, 그런대로 상위권대학임을 알 수 있다. 이렇다 보니 각 지역을 대표하는 대학들이 고르게 분포되어 있어 우리가 이야기하는 지역 소멸에 대한 대안이 될 수 있지 않을까 생각해 본다.

바스에서 내 마음에 꼭 드는 장소가 세 군데 있는데 그 중의 하나가 샐 리 룬스라는 카페이다. 1680년 청교도박해를 피해 프랑스에서 건너온 솔랑주 뤼용이라는 여성이 바스에 정착하여 고향에서 먹던 브리오슈를 굽기 시작하여 영국식 이름 샐 리 룬스로 오늘까지 이어져 오고 있는데 아마도 세계에서 가장 오래된 번 카페가 아닐까 한다. 빵과 케이크의 중간 정도인 번과 홍차를 함께 먹는데 여긴 늘 관광객이 넘쳐나는, 가장 핫한 곳으로 중세로 떠나는 시간여행에 적당한 멋진 카페 중 하나이다.

 두 번째 장소는 초승달을 의미하는 로열 크레센트라는 특별한 건축물이다. 필라 양식으로 18세기에 지어진 바스의 대표적인 건축물로 금빛의 바스 석회암으로 지어진 반타원형으로 맨 끝 쪽의 집들이 마주 보는 형태이다. 지금도 사람이 거주하는 아파트 같은 곳이다. 더욱 장관인 것은 로열 크레센트 앞의 넓은 초록빛 잔디밭이다. 관광객뿐만 아니라 현지인 또는 많은 학생이 잔디밭에서 여유로운 시간을 보낼 수 있는 최적의 장소이다. 날 좋은 때 커피 한 잔 들고 벤치에서 하염없이 파란 하늘만 바라보아도 저절로 힐링이 되는 안식처 같은 곳이다.

 세 번째는 에어본강 가의 하우스 보트이다. 영국은 운하가 많은데 강가를 따라 정박한 보트들을 쉽게 만날 수 있다. 폭이 좁고 길쭉한 모양의 보트를 보통 내로 보트

(narrow boat)라고 부른다. 과거에는 운송 수단으로 사용되다가 아마도 영국의 살인적인 집값으로 인기를 얻은 것은 아닌가 짐작해 본다. 하우스 보트는 주택 대신 이용하거나 관광객에게 색다른 체험을 제공하기도 하고 세컨드 하우스처럼 활용하는 사람들도 있는 것 같았다. 2주 이상 같은 장소에 머물면 벌금을 내기 때문에 자주 이동하는 편인데 강가를 산책하다 보면 이동하는 하우스 보트를 심심치 않게 볼 수 있다.

가끔 흥미진진한 어트랙션이 펼쳐지기도 한다. 이곳은 운하여서 수문을 이용하여 수위를 조절해 배를 이동시키는 방법을 쓰고 있었다. 수문이 무려 10개 이상 있었는데 물 높이를 맞추는 모습을 직접 눈으로 보니 신기했다. 하우스 보트를 이동시키기 위해 노부부가 바쁘게 움직이는 모습을 볼 수 있었다. 할아버지가 배를 조종하고 할머니가 능숙하게 수문을 움직이고 계신다. 힘에 부쳐 보여서 도움이 필요한지 물어보니 괜찮다고 하신다. 타인의 도움보다는 스스로 하는 것에 익숙하신 듯하다.

두려움을 설렘으로

유럽여행을 하는 사람들에게 영국은 파리나 로마에 비해 그렇게 인기가 많은 편은 아닌 것 같다. 대부분 영국은 3일 정도면 된다거나, 영국은 런던만 보면 된다는 말 하는 것 같다. 하지만 세계를 지배했던 해가 지지 않은 나라의 숨겨진 매력은 상상 이상인데 영국 날씨에 대한 오해 때문이 아닌가 한다.

흔히들 영국 하면 흐리거나 비가 내리는 우울한 날씨를 떠올리게 마련이다. 하지만 영국의 여름 날씨는 상대적으로 생활하기 좋은 날이 더 많다. 영국은 여름과 겨울 날씨의 대비가 심하지만, 여름에는 선선한 바람도 불고 건조한 편이다. 영국 날씨는 겨울보다는 여름이 지낼 만한데 평균기온이 13~20도로 우리나라의 가을 날씨 정도다. 특히 여름엔 습도가 낮아서 한낮에 온도가 올라가도 그늘에만 있으면 서늘한 편이어서 상쾌한 느낌을 받을 수 있어 좋다. 햇빛은 강렬하지만, 그늘로 피하면 서늘한 편이고 습하지 않아서 한국의 여름보다 지내기가 좋아 영국을 여행한다면 7~8월이 가장 좋은 계절이 될 것이다. 대형마트에 가도 선풍기나 에어컨을 파는 곳을 거의 보지 못했다. 아침저녁은 선선함과 쌀쌀함의 중간이고 햇살이 강한 날은 살짝 덥다고 느낄 수 있으나 그늘에 가면 시원하다. 유럽대륙은 여름철 무더위가 대단하지만, 영국은 상대적으로 기온도 낮고 건조한 편이어서 일반 가정집에서 에어컨이나 선풍기를 찾기 힘들다. 물론 대형 쇼핑몰이나 카페 같은 공공장소나 많은 사람이 모이는 곳은 에어컨이 설치되어 있기는 하다. 여행을 떠나기 전, 작은 소형 선풍기를 준비해 갔지만 결국 짐만 되고 말았다.

영국인들의 여가활동이 궁금해서 골프장 탐색에 나섰다. 인터넷을 검색해서 바스 근처, 걸어서 갈 수 있는 골프 클럽을 찾아가 봤다. 도심에서 걸어서 15~20분 정도면 갈 수 있는 골프클럽인데 대부분 클럽은 도심지에서 그리 멀지 않은 곳에 있는 것 같았다. 바스골프클럽은 구릉지에 펼쳐져 있는 아기자기한 골프장이다. 이곳엔 카트도 캐디도 없다. 드라이버를 날리고 백을 메고 필드 위를 걸어간다. 우리나라처럼 많은 사람이 붐비지도 않고 여유롭게 골프를 즐기는 모습이 부럽기만 하다. 골프장 바로 옆에는 연습장도 있는데, 드라이버 레인지인 잔디 위가 연습장이다.

한 번쯤 경험 삼아 연습장에서라도 골프채를 빌려 쳐보고 싶은 마음에 클럽하우스를 가보았다. 아이언클럽 하나, 1파운드 공 15개를 1.5파운드에 빌려서 무제한으로 연습할 수 있다. 단, 자기가 친 공은 그때마다 주워와서 다시 쳐야 하는데 그리 쉬운 일이 아니니, 공을 더 빌려서 연습 삼아 쳐보기로 한다. 우리나라 연습장은 그물망이 있고 매트 위에서 치지만 여긴 그물망도 없고 탁 트인 잔디 위에서 샷을 날리니 가슴이 뻥 뚫리는 기분이 든다.

 영국 커피 매장 중에 Pret이라는 커피점이 있다. 우리나라의 이디야 정도 되는 중저가 브랜드이다. 프로모션으로 한 달 정액 회원으로 가입하면 이 브랜드 매장에서 매일 바리스타가 제조하는 음료 5잔을 마실 수 있다. 첫 번째 음료 이후 두 번째는 30분이 지나야 가능하다. 영국 내 어디서나 언제든 이 브랜드 매장을 사용할 수 있어 나 같은 여행자나 넉넉지 않은 유학생에게 요긴하게 쓰인다.

 매월 30파운드를 먼저 내야 하는데 가입 첫 달은 반값 할인이 적용되어 15파운드이다. 여기 아메리카노 한 잔이 3.4파운드이니 잘 이용하면 무척 저렴하다. 지난번 더럼 여행 가기 전에 가입했는데 뉴캐슬, 요크, 에든버러 등에서 요긴하게 사용했다. 잠시 쉬어가거나 화장실이

급할 때마다 커피 한잔하면서 여유 있는 시간을 보냈다. 다시 바스에 돌아와 매일 아침 커피를 마시러 온다.

커피뿐만 아니라 햄버거, 식사 등을 주문하려고 하면 점원이 여러 사항을 질문하는데 너무 빨라서 잘 알아듣지 못할 때가 많았다. 미리 혼자 주문하는 연습을 하고 주문하기도 한다. 일주일 정도 지났을 때, 항상 같은 커피 주문을 하자 내가 낯이 익은 것 같다. 주문사항을 말하지도 않았는데 점원이 내게 미소를 먼저 보낸다. 드디어 날 알아보나 하는 생각이 든다. 시간대마다 근무자가 다르지만, 오전 시간 근무자는 늘 보던 얼굴이다.

옆 테이블에 연세가 많으신 노부부가 마주 보고 사이좋게 앉아 계신다. 잠시 후, 종업원이 커피 두 잔과 구운

빵을 직접 노부부에게 가져다드린다. 여기는 대부분 직접 가져오는 셀프서비스가 일반적인데 아마도 연세가 있어서 종업원이 직접 가져다준 것 같다. 동서양을 막론하고 노인과 여성, 그리고 어린이에 대한 존경과 배려, 친절은 차이가 없는 듯하다. 보고 있으니 기분 좋은 아침이다.

날씨가 너무 좋아 바스 인근 브리스틀에 다녀왔다. 브리스틀은 영국 서부 에이번강 하구의 항구도시로 교통의 요지로 알려진 영국 남서부에서 가장 큰 도시이다. 영국 부유층이 은퇴하고 나서 살고 싶은 지역 중 하나라고 한다. 런던만큼은 아니지만, 바스와 더불어 부동산 가격이 매우 높은 편이다.

브리스틀은 윌리엄 터너의 그림 속에 등장하는 그레이트 웨스턴 철도(GWR)와 클리프턴 현수교, 브리스틀 대성당으로 유명하다. 최근엔 그라피티 문화의 본고장이며 뱅크시의 고향으로 알려져 더욱 유명한 도시가 되었다. 기회가 된다면 뱅크시의 작품을 보기 위해 한 번쯤 갈 만한 도시이기도 하다.

브리스틀에 다녀와 피곤한 상태라 저녁은 피자로 대신하기로 하고 피자집으로 직행한다. 식당 입구에서 술, 피자 중 무엇을 먹을지 물어보면서 메뉴판을 주고는 주문받을 생각이 없는지 신경도 쓰지 않는다. 한국 같으면 득달같이 주문받으러 오든가 아니면 손님이 소리쳐 부르든가, 벨을 눌러서 종업원을 부를 텐데 여긴 그리 급하지 않다. 겨우 주문했다. 화덕으로 피자를 만드는 곳이어서 시간이 좀 걸릴 듯하다. 예상대로 소식이 없다. 종업원과 눈이 마주쳐 지루하다는 표정을 지으니 확인해보겠단다. 주문한 지 40분 정도 지나서 단출하게 피자만 나왔다. 그 흔한 피클도 포크도 없다. 여기 스타일은 손으로 먹는 것이라고 한다. 이곳의 좋은 점은 미국처럼 팁 문화가 거의 없다는 것이다. 물론 있을 수 있겠지만 일반적이지 않다. 그래서인지 친절한 종업원도 있지만 무

표정한 사람도 많다.

바스에서 지내다 보면 런던을 자주 가게 된다. 바스에서 기차를 타고 가는데 기차 요금이 한국처럼 일률적이지 않고 예약 형태에 따라 요금 체계가 다르다. 예를 들면 환불 불가 티켓은 상대적으로 저렴하고 탑승 시간을 확정하지 않는다. 그런데 1~2시간으로 탑승 시간 범위를 정하면 좀 더 비싼 편이라서 최대한 저렴한 시간대를 선택해서 예약한다. 패딩턴역에 도착하면 런던에서는 주로 지하철로 이동하는데 런던의 지하철은 미로 같다. 아니 미로다. 서울 지하철도 익숙지 않은 외국인이나 지방에서 오신 분들에게는 힘들 테지만, 런던은 지은 지도 오래되고 연결통로와 연결된 기차역이 많아서 외국인에겐 도전 같은 과제이다.

런던 지하철의 역사는 꽤 흥미롭다. 1863년에 시작된 런던 지하철은 당시 터널 모양으로 공사를 해서 지금도 튜브라고 부른다고 한다. 지하철이 처음 생긴 때엔 아직 자동차가 없고 마차가 대부분이었다. 그런데 교통체증이 너무 심해서 지하에 철도를 놓고 증기기관차가 다니게 되었다고 한다. 가히 상상이 안 된다. 그들의 기발한 역

발상은 세계를 지배했던 대제국의 위상이 아니었을까 생각한다.

 다행히 현지에서 사용할 수 있는 카드를 준비해두어서 일일이 표를 사야 하는 번거로움은 덜었지만, 미로 같은 환승 플랫폼 찾기는 항상 버겁다. 노선별로 차이는 있지만 대부분 오래된 열차라서 의자에 앉으면 앞사람과의 거리가 30~40센티 정도로 좁다. 통로에는 서 있을 만한 공간이 없다. 높이도 그다지 높지 않아서 고개를 숙일 정도다. 게다가 에어컨 대신 바람만 나올 뿐이어서 좀 더운 편이다. 가끔 운 좋게 새로 생긴 노선의 지하철을 만나면 높이도 높고 간격도 넓고 에어컨 바람도 나온다.

 여행하다 보면 유럽의 대도시는 대부분 비슷하겠지만

화장실 찾기가 만만치 않다. 서울에선 대부분 지하철역에 화장실이 있어서 이용하기 좋은데, 런던 같은 대도시는 지은 지 오래되어 지하철역에 화장실이 많지 않고 있더라도 유료다. 미리 화장실 위치를 파악해 두는 편이 좋다.

 나 같은 여행자도 가끔 이곳 바스에 오는 관광객을 구경하기도 한다. 바스 중심지에 대성당과 로마 시대 유적지인 로만바스가 있어 꽤 많은 관광객이 찾아오는 것 같다. 버스를 타고 오는 단체 관광객도 많고 역사적인 곳이라서 학생들도 단체로 많이 온다. 유럽 어디서나 도시의 중심엔 광장과 대성당이 있듯이 이곳도 마찬가지다. 대성당 근처에서는 많은 관광객을 볼 수 있는데 벤치에 앉아 커피 한잔하면서 관광객을 구경한다. 내가 여행자라는 사실을 잊고서 말이다. 동양인도 많이 보이는데 대부분 중국인 혹은 인도계 아시아인이다. 이 많은 사람 중 아쉽게도 한국 사람은 찾기 어렵고 목소리도 들리지 않는다. 한 달 동안 한두 번 정도 한국인 목소리를 들은 정도이다. 여기서 여행객을 구분하는 방법이 있다. 작은 배낭을 메고 있으면 십중팔구 여행자가 맞다.

 영국에서 한 달 살기를 하면서 정한 규칙은 하루에 한 가지 정도만 해보는 것이다. 서울에서처럼 빡빡한 일정을 만들지 않고 여유롭게 지내기로 했으니 아침 시간도 편안하게 시작한다. 6시 30분쯤 일어나 커피를 내려 한 잔 마시면서 인터넷 검색을 하고 한국 뉴스도 보면서 하루를 시작한다. 아침은 간단하게 스콘 하나와 토마토에 모차렐라 치즈를 먹는다. 비가 내리지 않으면 밖으로 나와 여러 공원 중 하나를 택해 공원을 산책한다.

 공원 산책 중에 조깅하는 사람들을 보면서 나도 한번 해볼까 하는 생각이 들었지만 걷는 것에 익숙해져서 뛰는 것에 자신이 없었다. 하지만 한번 도전해 보기로 했다. 처음엔 거리를 재지 않고 20~30분 정도 시간을 정해 걷는 것보다 좀 빠르게 뛰기 시작했다. 뛰는 것이 무

릏에 좋지 않을 것 같은 선입견이 있었다. 숙소에서 나와 많은 사람이 뛰는 강가를 따라 뛰면서 목표는 평소 자주 가는 마트인 세인즈버리까지로 정했다. 지금도 마찬가지이지만 뛰는 것이 익숙지 않아 온몸의 세포들이 날카롭게 날 공격하는 느낌이 든다. 중간에 그만두고 싶지만 그래도 목표지점까지는 뛰어본다. 산책하면서 러닝하는 사람들을 볼 땐 그리 힘들어 보이지 않았는데 막상 내가 뛰어보니 힘들다. 하지만 이것 또한 현지인처럼 살아보기 중 하나로 생각하니 한결 여유롭고 아침 시간에 다양한 사람들을 보면서 나도 그 속의 하나가 된 것 같은 느낌이 들었다.

새벽부터 비가 내린다. 영국 날씨는 알다시피 썩 좋은 편은 아니다. 자주 비가 내리는데 우리나라 같은 폭우는 아직 경험해보지 못했다. 가랑비 정도다. 이 정도니 비가 내려도 우산을 쓰는 사람은 절반 정도이고 개의치 않는 사람도 많다. 여기선 꼭 필요한 옷은 생활방수가 되는 바람막이 옷으로 많이 사람들이 입고 다닌다. 날씨 때문에 영국의 버버리코트가 유명해졌나 보다. 이곳의 비는 한국처럼 무자비하게 내리진 않는다. 이슬비보단 강하게 부슬부슬 내린다. 기온도 13도로 꽤 쌀쌀한 느낌이다.

한국으로 돌아갈 날이 다가올수록 기분이 심란해진다. 매일 아침 프렛에 와서 커피를 마셨는데 돌아가면 이것마저도 그리울 것이다. 눈에 익은 점원은 따로 요구사항을 이야기하지 않아도 알아서 블랙으로 아메리카노를 준다. 아메리카노에 우유를 타 먹는 영국 사람이 많아서 커피 주문을 하면 꼭 질문하는 것 중 하나가 바로 이것이다. 프렛에서 모닝커피 마시며 관찰자로 여유 있는 시간을 보낸 즐거움은 지금 돌이켜 생각해 보니 가장 편안한 시간이 아니었나 싶다.

바스에서 지내며 내가 일상처럼 했던 일들은 코코로에서 가끔 우동과 치킨덮밥 사 먹기, 막 구워낸 스콘을 위해 오전에 MS 둘러보기, 모리슨에서 하는 저녁 6시 할인을 위해 줄서기, 매일 세인즈버리에서 장보기, 오후 8시부터 50% 할인 상품을 파는 초밥 가게에서 초밥을 사려고 저녁 7시 30분부터 줄서기, 폴테니 다리 하루 한 번 건너기, 매주 토요일 크리켓 경기장에서 경기 관람하기, 내가 개발한 아침 조깅코스 5킬로미터 달리기, 낮엔 서점에서 책 구경하고 저녁엔 크레센트로 올라가기 그리고 공원에서 커피 한잔 마시기 등이다. 사실 뭐 특별한

것은 없지만 아마 이곳에 사는 현지인도 나와 비슷한 일상을 보내지 않을까 상상해 보며 나의 영국에서 한 달 살기가 무난히 진행 중이다.

바스 아래쪽에 있는 스톤헨지를 보러 가기로 했다. 스톤헨지로 가려면 바스에서 작은 기차를 타고 마그나카르타의 4가지 원본 가운데 하나가 보관된 스톤헨지의 관문인 솔즈베리를 거쳐야 한다.

솔즈베리 역에서 스톤헨지까지 왕복하는 버스를 타고 출발한다. 이층 버스는 흔들거리는 나뭇가지를 신나게 헤치며 구불구불한 시골길을 달린다. 버스에서 내려 스톤헨지를 향해 걸으면 광활한 솔즈베리 평원을 온몸으로 느낄 수 있다. 그저 멀리 땅과 하늘의 경계만 존재한다.

뺨을 스치는 바람과 햇빛뿐이다. 천국이 있다면 아마 이런 곳이리라.

발끝에서부터 전해지는 안락한 기운과 따스한 햇볕 그리고 목덜미에 스치는 바람 냄새와 소리. 지평선 끝에 구름이 걸쳐있는 곳. 구름과 지평선을 하염없이 바라보아도 지루하지 않은 곳. 스톤헨지로 걸어가는 이 길은 마치 시간여행을 하는 것처럼 저 언덕 숲길을 지나면 원시시대로 들어가는 신비의 문이 나올 것 같다.

사람들의 상상력을 자극하는 수수께끼 같은 거대한 건축물에 대한 답은 그저 풀리지 않은 신비로 남아있다. 길고 낮게 드리운 구름 사이로 저 멀리 스톤헨지가 보이기 시작한다. 첫눈에 들어온 돌들은 의외로 소박하고 작게 보인다. 대성당이나 거대한 건축물에 익숙한 나는 너른 평야의 석상을 묘사할 어떤 표현도 찾기 힘들다. 도대체 고대사회에서 왜, 누가, 어떻게 그리고 이런 생각을 했을까? 평원에는 키 작은 잡초 말고는 아무것도 없다. 들리는 것은 스쳐 가는 바람 소리뿐.

II. 일상의 작은 행복

영국 마트에서 장보기

 한국에서 가져온 음식 재료는 될 수 있는 대로 딸이 혼자 있을 때 먹을 수 있도록 사용하지 않았다. 대신 직접 현지 마트에서 장을 봐서 음식을 만들어 먹기로 했다. 영국 물가는 예상한 대로 만만치 않아서 매번 사 먹기엔 부담스러웠기 때문이다. 입맛에 맞는 음식도 그리 많지 않아서 직접 해 먹는 편이 좋을 것 같았다.

마트에서 한 번 장을 볼 때마다 12~15파운드가 들어가는데 한국 돈 2만 원에서 2만 오천 원 정도면 풍족하지는 않지만 두 끼 정도 해결할 수준은 된다.

영국의 마트는 고급 브랜드의 웨이트로즈, 막스&스펜서 MS가 있고, 중급 브랜드의 테스코, 세인즈버리, 모리슨즈 그리고 조금 더 저렴한 아스다, 리들, 알디, 아이스랜드 등이 있다. 조금씩 가격대와 품질이 다르겠지만 장을 볼 때는 상대적으로 저렴한 편인 세인즈버리와 테스코를 이용하는 편이다. 직접 요리하는 것보다 간단히 익혀서 먹을 수 있는 반 조리된 음식이 참 많다. 아마 시간적 여유나 직접 요리할 상황이 안 되기 때문이 아닐까 생각해 본다.

일반적인 마트 이외에도 주말마다 장이 서는 주말 마켓과 우리나라 전통 시장 같은 특색 있는 마켓 구경도 재미가 쏠쏠하다. 워낙 유명한 마켓이 많다 보니 주말은 마켓 돌아보기로도 충분히 영국인의 삶을 가까이서 체험해 볼 수 있다. 대부분의 마켓은 정찰제이지만 전통 시장 같은 마켓은 물건값을 흥정하기도 한다. 먼저 물건값을 물어보고 할인이 되는지, 두세 개 묶음으로 사면 얼마에 줄 수 있는지 물어보면서 필요한 물품을 사기도 한다. 역시 시장에서 흥정하는 맛은 한국에서나 영국에서나 같은 것 같다.

 내가 주로 사는 것은 고기와 채소, 그리고 과일과 우유, 달걀, 치즈 정도다. 고기류는 한국보다 저렴한 편이어서 자주 돼지고기로 수육을 해 먹거나 구워 먹는다. 과일과 채소도 한국과 비교하면 비슷하거나 좀 저렴하게 체감되는 편이다. 특히 나는 영국감자의 포실한 식감이 너무 좋아서 매일 한두 개씩 먹었는데 영국감자의 식감이 너무 그립다.

 이곳의 물가를 지금 환율과 비교해서 대략 살펴보면 스콘 하나 1파운드(1,750원), 아메리카노 한 잔 3.5파운드

(6,200원), 돼지고기 400g 4파운드(7,000원), 버스 1회 요금 2파운드(3,500원) 그리고 수도, 가스요금은 우리나라보다 10배는 비싼 듯하다. 그만큼 생활비가 많이 들어가는 편이라서 조금이라도 절약하지 않으면 안 되는 상황이다. 식당에서 간단한 한 끼 식사는 평균 15~20파운드로 3~4만 원 정도 한다. 만만치 않은 물가수준이다. 그러니 현지인들도 샌드위치로 간단히 점심을 해결하는 모습을 자주 보게 되고 나 역시 웬만하면 집에서 만들어 먹거나 영업 종료 시간쯤에 할인하는 마트를 찾아가게 된다.

매끼 메뉴를 정하는 것도, 준비하는 것도 번거로운 일인데 딸이 혼자 공부하면서 제대로 챙겨 먹기가 쉽지 않았을 것이다. 한국 음식 재료는 구할 수 있지만, 이 또한

가격이 만만치 않게 비싼 편이다. 바스엔 한인 마트가 없어서 런던에 갈 때마다 필요한 음식 재료를 사 오거나 주문해서 택배로 받기도 한다. 한인 타운은 좀 거리가 있어서 차이나타운 부근 소호에 있는 한인 마트를 자주 간다. 없는 게 없을 정도로 거의 다 있다. 콩나물과 깻잎, 무 쌈까지도. 그런데 고객들은 의외로 외국인도 상당하다. 가끔 바스에 있는 중국인 마트를 이용하기도 하는데 중국인 마트엔 상품의 3분의 1 정도가 한국제품으로 중국인을 포함한 아시아계도 한국식품을 좋아하는 것 같다. 중국인 마트가 두 군데 있어서 그때그때 살 수 있지만, 종류와 신선도에 차이가 있는 편이다.

 날씨가 꽤 더운 날, 점심은 런던 한인 마트에서 사 온 동치미 냉면으로 딸과 간단히 먹기로 했다. 냉면 포장은 1인분씩 2개인데 양이 좀 부족해서 면은 2인분, 육수는 1인분만 하고 남은 육수에 국수를 삶아서 먹기로 했다. 포장 냉면 가격은 한국의 두 배 수준이지만 오랜만에 맛보는 시원한 냉면 맛이 참 좋다. 저녁은 가볍게 두부구이로 정했다. 딸이 자세하게 사야 할 두부를 알려줘서 세인즈버리로 갔다. 한국식 두부는 아니더라도 비슷한 모양의 두부를 판매하는 것이 신기하다. 집에 돌아와 냉

장고에 넣기 전에 다시 확인해보니 딸이 사지 말라고 알려준 스모키향 두부를 사 왔다. 아뿔싸!

 영수증을 들고 교환하러 다시 세인즈버리에 갔다. 한국에서처럼 영수증 보여주고 다른 두부로 교환하겠다고 하면 될 것 같았다. 하지만 점원은 영수증에 표기된 시간을 확인하곤 매장에서 물건을 가지고 나간 것은 교환이 안 된다고 했다. 뭐라고 설명은 하는데 잘 알아들을 수가 없었다. 뒤에 있던 손님이 불편한 기색으로 안 되는 걸 우기는 이상한 사람으로 날 쳐다본다. 어쩔 수 없이 포기하고 그냥 돌아왔다. 한국마트라면 충분히 가능할 텐데 그 이유가 궁금했다. 분명히 잘 보고 집어 들었는데 실수한 내가 황당했다.

마트나 편의점에 갈 때마다 느낀 점이지만 어디서나 항상 꽃을 판다는 것이다. 어느 매장에 가더라도 꽃을 판매하는 코너가 별도로 있다는 것이 생소했다. 우리나라는 대부분 꽃은 화원이나 꽃집에서나 구할 수 있는데 여기선 그만큼 꽃이 생활에 가깝게 있다는 것이다.

영국인들이 꽃을 좋아하는 이유 중 하나는 가드닝이 그들의 생활 일부로 자리 잡고, 꽃으로 집 안을 장식하는 등 생활공간을 꾸미는 데 중요한 역할을 하기 때문인 것으로 보인다. 그리고 또 하나는 문화적인 전통 속에서 꽃을 선물하는 것이 보편적이며, 다양한 기념일에 꽃을 주고받기 때문에 어디서든 쉽게 꽃을 찾고 살 수 있는 것이리라.

영국인의 축구 이야기

영국에 오기 전 꼭 해보고 싶었던 것은 스코틀랜드의 하일랜드 돌아보기, 손흥민 선수가 뛰는 프리미어 경기 직관하기, 뮤지컬 <오페라의 유령> 관람하기 등이 있었다. 전 세계적으로 가장 인기 있는 스포츠 중의 하나인 축구, 그중에서 가장 치열하다는 영국 프리미어리그에 관해 관심이 많다. 물론 축구가 영국에서 생겨나기도 했지만, 영국인들이 축구에 진심인 이유가 궁금하기도 했다.

축구 이외에 영국에서 시작된 스포츠는 골프, 럭비, 크리켓 등이 있는데 우리에게 생소한 크리켓의 인기와 저변도 만만치 않은 것 같다. 이곳 바스엔 축구팀은 없지만 매주 토요일에 크리켓 경기가 열리는 것을 보면 알 수 있을 것 같다.

여러 스포츠가 오랜 시간 전통을 이어올 수 있었던 것은 영국의 기후가 한몫 한 것은 아닐까 한다. 여름 평균 기온이 20도 정도로 서늘하고 겨울에도 영하로 잘 내려가지 않아서 야외에서 운동하기엔 최적의 조건이고 영국의 젠틀맨십이 있기에 가능했으리라. 각본 없는 드라마 같은 럭비와 크리켓은 귀족적인 스포츠로 알려진 편이고 축구가 서민의 스포츠로 자리 잡은 것은 영국 어디서나 볼 수 있는 넓은 공원에서 공 하나면 충분히 뛰어놀 수 있었기 때문일 것이다.

영국인들은 축구를 종교처럼 삶의 일부로 받아들이는 것 같다. 시즌이 되면 매일 저녁 일일 연속극을 시청하듯 경기를 관람한다. 영국인이 축구를 좋아하는 이유 중 하나는 축구가 단순한 경기이기 때문일 것이다. 축구공 하나면 어디서나 인원 등에 제약 없이 할 수 있는 운동이니 많은 사람이 쉽게 할 수 있는 여건이 되었고, 축구라는 경기가 손을 사용하지 않고 발로 하는 경기다 보니 의외성이 높아서 예상과 다른 결과에 많은 사람이 열광하는 것 같다.

또한 산업혁명 이후 도시화의 영향으로 자신들의 정체성과 자부심을 찾으려는 목적으로 축구에 관한 관심이 높아지고 지역적인 소속감을 느끼고 동시에 수만 명과 무언가를 함께 한다는 동질감이 필요했던 것이 아닐까 한다. 마지막으로 격렬한 스포츠라는 것이다. 고대 로마 시대 때 콜로세움에서 검투사 경기를 보며 대리만족을 했던 것처럼 경기장에서 지역을 대표하는 팀이 격렬하게 부딪치며 경기하는 것에 열광하는 것이 아닐까 한다. 특히 대를 이어서 좋아하는 팀을 응원하고 경기장에 갈 수 없으면 펍에서 맥주 한 잔 놓고 소리치며 열광하는 분위기는 한바탕 전쟁을 치르는 의식 같은 느낌이 든다.

드디어 영국에서 꼭 해보고 싶은 것 중 하나인 축구 경기를 직관했다. 뭐니 뭐니 해도 직접 보는 현장감이 최고다. 공을 차는 소리, 선수들의 몸과 몸이 부딪치는 소리, 관객의 함성 등을 제대로 느껴 보고 싶은 마음이 간절했지만, 예약부터 쉽지 않다. 손흥민 선수 경기를 직관하려면 먼저 토트넘 멤버십에 가입하고 표를 토트넘 홈페이지에서 예약할 수 있기 때문이다.

 멤버십 가입비용은 50~60파운드 정도로 엄청나게 비싸지는 않다. 다만 멤버십 가입하려면 지메일과 영국 주소가 필요하므로 이런 점을 사전에 준비해야 한다. 예약은 엄청나게 치열하게 이루어진다. 이런 것을 보면 영국인들의 축구 사랑을 피부로 알 수 있다. 예약 사이트가 열리는 날은 우리나라 명절 기차표 예약처럼 오픈하자마자 거의 매진이다. 사전 예약 없이 손흥민 선수 경기를 보려면 별도 예매 대행구매 사이트에서 최소 40~50만 원으로도 표를 구하기가 쉽지 않다. 엄청난 속도로 클릭

해서 예매에 성공, 휴대폰으로 티켓을 성공적으로 다운 받았다. 드디어 경기장으로 출발! 설레고 가슴이 띈다. 내가 드디어 직관하는구나!

Tottenham Hotspur Football Club

Tottenham Hotspur Stadium
Tottenham Hotspur

MATCH
Tottenham Hotspur v Manchester United

Please Note
DO NOT DELETE THIS PASS

SEAT DETAILS
-

ENTRANCE
Gate 6

BLOCK
108 - West Lower

ROW/SEAT
23/240

토트넘 홈구장이 있는 곳은 런던에서도 상대적으로 낙후된 지역으로 런던 중심부와 다르게 서민적인 동네로

보인다. 런던도 템스 강을 기준으로 강북과 강남으로 나뉘는데 우리와 다르게 강북 쪽이 더 발전된 도시이고 동쪽보다는 서쪽이 부유한 동네가 많은 편이다. 그러다 보니 지역에 따라 자신이 응원하는 팀이 다른 편인데 가장 유명하고 역사가 오래된 라이벌 경기는 북런던 더비로 알려진 토트넘과 아스널의 경기가 대표적이다. 같은 런던 안에서 연고지가 비슷한 지역에 있는 두 팀이 만나면 선수뿐만 아니라 팬들도 결코 물러설 수 없는 치열한 경기가 되는 것 같다. 경기장이 비슷한 위치이다 보니 런던 중심지에서 이동할 때 빨간색의 아스널 팬들이 흰색 토트넘 유니폼을 입은 나에게 큰 소리로 외치며 자신들의 넘치는 열정을 강하게 표시하기도 했다.

지하철역에서 경기장까지는 약 30~40분 정도는 걸어서 이동하는데 온통 흰색 토트넘 유니폼을 입은 사람들로 넘쳐난다. 그중에서 손흥민 선수 유니폼을 입은 사람도 꽤 많이 눈에 보인다. 가슴이 뭉클해진다. 애국심이 이런 것인지도 모른다. 저 멀리 웅장한 축구장이 보인다. TV 속에서만 보던 모습에 내가 압도당하는 느낌이 들고 영국인들의 축구에 대한 진심이 느껴진다.

좌석별로 입장하는 게이트가 정해져 있어서 한꺼번에 사람들이 몰리지 않도록 한 점이 인상 깊었다. 토트넘 경기이다 보니 유난히 동양인도 많고 젊은 친구도 많이 보인다. 게이트를 통과해서 경기장에 입장하니 밖에서 보던 것과는 다른 멋진 그림 같은 경기장에 내가 들어와 있다는 사실이 실감 나지 않는다. 경기 전에 선수들이 몸을 풀 때부터 여기저기 사진 찍기에 여념이 없었다. 장내 아나운서가 선수소개를 하는 순간, 잠시 시간이 정지된 느낌이 들었다. 맨 마지막에 소개된 손흥민 선수 이름에 관중들이 가장 큰 함성으로 화답해준다.

'Glory Glory Tottenham Hotspur And the Spurs go marching on'으로 시작되는 응원가를 5만 이상의 관중들이 함께 부르는 소리를 들으면 소름이 돋을 정도로 흥

분이 되는 것 같다. 경기 내내 제대로 앉을 수가 없을 정도로 박진감이 넘치는 경기였다. 영국프로팀의 주장으로 이 멋진 경기장에서 뛰고 있는 손흥민 선수를 보고 있으니 괜스레 울컥해진다. 이 자리에 서기까지 얼마나 많은 땀을 흘리고 노력을 했을까. 그리고 보이지 않는 차별을 이겨내기 위해 버티고 또 버티었을 것이다. 우리나라의 또 다른 청춘들이 세계 각지에서 인정받고 성공하기 위해 남몰래 흘린 눈물과 노력에 경의를 표하고 싶다.

영국 가정집에서 한 달 살기

 영국에 오기 전 가장 큰 걱정은 원하는 숙소를 찾는 것이었다. 물론 딸이 거주하는 작은 숙소에서 함께 지내는 것도 가능하지만 서로 불편할 것도 같아서 한 달 정도는 영국 가정집에서 살아보고 싶은 맘으로 숙소를 구하기로 했다. 그러나 한 달짜리 숙소를 구하는 것은 현실에서는 만만치 않았다. 영국에서 집을 구하는 Spare Room이나 right move로 찾아봤지만, 쉽지 않았다. 운이 좋게 우연

히 유학생들이 거주했던 집을 한 달 빌리는 데 성공했다. 아마 여름방학이 2~3개월 정도여서 가능했을 것 같다.

영국 주택 형태는 크게 4가지로 분류한다. 런던 등 대도시 중심지에서는 주택을 보기가 어렵지만 도심 외곽이나 바스 같은 곳에는 다양한 형태의 주택을 볼 수 있다.

디택치드 하우스는 2층 이상 단독주택을 말한다. 보통 한 채가 독립된 형태로, 잔디가 깔린 마당도 크고 꽤 부유한 형태이며 우리나라 평창동 같은 느낌의 주택이다. 플렛은 연립이나 빌라, 저층 아파트를 일컫는 말이다. 세미 디택치드 하우스는 한쪽 면만 옆집과 붙어있는 집으로 대부분 고급 주택 단지에서 볼 수 있는 형태이다. 가장 흔히 볼 수 있는, 양쪽으로 다른 집과 벽을 공유하는 테라스드 하우스는 일반 서민형 주택이라고 할 수 있다.

내가 한 달 살기로 한 집은 서민형 주택에 속하는 테라스드 하우스 형태의 이층집이다. 현관 앞에는 한 평 정도의 뜰이 있고 집 뒤편에는 가드닝이 가능한 10평 내외의 마당으로 이루어진 아주 소박한 집이다. 대부분 주택이 가드닝이 가능하도록 정원을 가지고 있는데 이것은 가드닝이 영국인들이 가장 좋아하는 취미이기 때문일 것이다.

비슷한 주택끼리 단지를 이룬 동네가 대부분인데 내가 한 달 동안 살게 된 집도 비슷한 유형의 주택들이 길을 따라 줄지어 있었다. 회색빛 하늘과 일렬로 늘어선 전형

적인 영국식 소형주택이 눈에 들어온다.

이층집이지만 실제 평수는 그리 넓지 않은 것 같았다. 현관문을 열고 들어서면 1층 정면에 2층으로 올라가는 계단이 보이고 현관문 왼쪽에 방 하나, 계단 입구 왼편에 작은 거실과 주방, 화장실 등이 있었다. 옆집과 붙어 있는 구조라서 현관을 기준으로 왼편으로만 사용이 가능한 구조인 듯했다. 2층으로 올라가면 작은 방 3개와 화장실이 있는데 방은 대부분 작은 침대 하나에 책상 하나 정도 들어갈 크기이다. 방 크기가 생각보다 작아서 한국처럼 집 안에 많은 가구와 짐들을 놓기가 어려울 것 같았다.

영국은 아직도 디지털보다 아날로그를 선호하는 것 같

다. 왜냐하면, 우리나라는 문 잠금장치가 대부분 도어락인데, 이곳은 아직 열쇠 사용이 대중적이다. 우리나라에서는 10~20년 전에 열쇠를 목걸이처럼 걸고 다닌 적이 있었는데, 여기에선 그런 모습이 흔한 광경이다. 디지털보다 지금껏 써온 열쇠와 자물쇠가 더 안전하다고 생각하는 것 같다. 외출할 때 잊지 말고 열쇠를 챙기라는 듯, 현관문에 열쇠라고 적힌 메모가 크게 붙어있는 걸 보니 여기도 사람이 사는 동네인가 보다.

한 달 동안 살다 보니 한국에서처럼 쓰레기를 버리는 것도 배우게 된다. 이곳도 요일별로 분리수거함에 담아 현관 앞에 내놓으면 아침 시간에 쓰레기 수거용 차가 와서 가져가는 시스템인데, 음식물을 별도로 버리는 것이 아니라 일반 쓰레기로 버린다. 그런데 반드시 정해진 위

치에 분리수거함을 놓지 않으면 제대로 가져가지 않는다.

영국에는 2~3백 년 넘은 집이 많다. 그들이 오래된 집에 사는 이유는 뭘까? 조금이라도 역사적 가치가 있는 건물은 보호 건축물로 지정하여 허물지 못하게 하니, 고쳐 쓰는 데 익숙하고 오래된 건물을 선호하는 마음도 있는 것 같다. 우리가 한옥에 사는 것이 로망이듯이 말이다. 하지만 단점은 창문이 옛날 방식 그대로여서 바람이 심한 날은 우리나라 이중 창틀이 간절하다.

영국인들은 가드닝에 대한 열정이 대단해 보인다. 영국에서는 가드닝이 단순한 취미가 아니라 문화와 전통으로 생각하는 것 같다. 자신의 정원을 아름답게 가꾸는 것을 매우 중요하게 생각하고, 정원 가꾸기가 생활 속 깊이 자리 잡은 듯 보인다. 아마도 로마 시대에 로마인들이 정원을 가꾸는 문화를 가져왔으며 그 후에 영국인들도 정원 가꾸는 것을 좋아하게 되고 중세 이후엔 수도원과 저택을 중심으로 가드닝이 널리 퍼지게 된 것 같다. TV 나 잡지 등에도 가드닝 자료들이 넘쳐나고 공공장소나 커뮤니티 정원을 꾸미는 활동도 많아 보인다.

살인적인 물가, 높은 세금, 우중충한 하늘, 느려서 답답한 일 처리와 먹통 되는 지하철과 파업이 계속되는 철도 등으로 불편한 것이 많지만 그래도 느긋한 영국인은 그들의 성격처럼 긴 세월 동안 천천히 그들의 역사와 문화를 만들어 왔다. 마치 곱게 단풍 든 나무처럼 지난 시간을 아름답게 간직한 곳이다. 그래도 짧은 시간 숨 가쁘게 뛰어온 우리가 흉내 내기 어려운 깊이와 삶의 여유가 있는 곳이 바로 영국이다.

 그들의 풍족함은 고급 차와 현대적 비싼 집보다 예쁜 꽃으로 꾸민 아름다운 정원과 고풍스러운 벽돌집 같은 것이리라. 전통을 중시하고 자랑스럽게 생각하며 꽃과 정원을 좋아하는 영국에 몹시 가난하다는 의미로 '손질할 정원 한 뼘도 없다'라는 속담이 있는 걸 보면 가드닝을 정말 좋아하는 것 같다.

 좋은 날씨가 드문 영국에서 정원이야말로 햇살의 가치를 깨닫게 해주는 공간이다. 영국인에게 집은 견고한 성이라면, 정원은 그 성을 생동감으로 가득 채우는 마법 같은 존재일 것이다. 정원의 나무와 꽃들 사이에서 차를 마시는 오랜 전통은 삶에 여유와 온기를 더해주고 우울한 날씨를 견딜 수 있는 일종의 오랜 친구 같다. 정원에서 빛나는 삶의 즐거움이 영국인을 특별하게 만드는 것이리라.

III. 예술과 역사 속으로

런던 도심에 숨은 이야기

오늘날 영국을 몰락한 19세기 제국쯤으로 여기는 사람들도 있다. 지금도 1930년부터 4년마다 열리는 영연방 체육대회에 무려 52개국이나 참가하는 걸 보면 아직도 거대한 제국을 유지하는 나라구나 싶다.

런던은 상상을 뛰어넘는 거대한 도시이며 수많은 관광객으로 넘쳐나는 곳이다. 런던은 파리나 로마에 버금가는 멋진 문화유산이 많은 전통의 도시이지만 대부분 관광객은 버킹엄궁, 웨스트민스터 사원, 타워브리지와 영국박물관 정도를 둘러보고 이 오래된 도시를 떠난다. 시간적 여유가 좀 있거나 역사와 예술에 관심을 가진 사람이라면 세인트 폴 대성당과 밀레니엄 브리지를 건너 테이트모던, 내셔널갤러리를 찾을 것이다.

 런던이 파리나 로마 같은 유럽의 다른 도시와 다른 가장 큰 차이점은 과거와 현재, 미래가 공존하는 도시라는 것이다. 유럽의 다른 도시처럼 고도제한이 엄격하지 않아 100층 넘는 초고층 빌딩이 있는 뉴욕 못지않은 첨단 분위기를 거침없이 보여주는 멋진 도시이다.

 런던은 서울의 한강처럼 템스 강을 빼놓고 말할 수 없는 도시로 템스 강 덕분에 형성되고 발전했다고 볼 수 있을 것이다. 도시의 한가운데를 템스 강이 굴곡진 모양으로 크게 굽이치며 지나가는데 강을 따라 무역과 상업, 금융업이 발전한 나라가 되었다. 영국은 왕실이라는 이 시대 최고의 스토리텔링을 가진 나라로 런던은 그들의 과거를 되새김질하는 마술 같은 힘을 가진 도시이다. 그 중에서 런던 헤리티지 세 곳이라면 아마도 버킹엄 궁전,

런던탑, 웨스트민스터 사원일 것이다. 런던 여행 중 반드시 지나가게 되는 타워브리지 옆에 런던탑이라고 부르는 작은 성이 하나 보인다. 지금은 탑이라고 하기엔 작아 보이지만 이 런던탑에는 우리가 알지 못했던 무시무시한 이야기가 숨겨져 있다. 런던탑, 오래된 시간여행 속 이야기가 궁금하다.

두께가 4.5m에 이르는 런던탑 성벽은 정복왕 윌리엄이 1078년 노르망디 지역에서 실어온 석회암으로 지은 성으로 지금은 다소 왜소해 보이지만 그 당시의 위엄은 대단했으리라 짐작된다. 그중에서 반역자의 문으로 불리는 곳이 있는데 이 문을 통해 끌려온 대다수 사람은 아마도 한밤중 배에 실려 왔을 것이다. 그들은 어두운 빛깔의 소름 끼치는 차가운 물살을 보며 다시는 되돌아 나갈 수

없을 것이라는 절망을 느꼈을 것이다. 그 당시 누군가 감옥에 갔다는 말을 '탑으로 갔다'고 썼을 정도로 슬픈 역사가 숨겨진 곳이다.

런던탑 피의 주인공은 천일의 앤, 캐서린 하워드, 헨리 6세일 것이다. 세상에서 가장 슬픈 방은 이들이 갇혀 지낸 런던탑 퀸스 하우스 1층일 것이다. 실제로 본 런던탑은 슬픔의 흔적은 세월 속으로 사라지고 타워브리지를 배경으로 한 최고의 인생 샷과 산책코스로 변해 있을 뿐이다. 잠시 벤치에 앉아 흘러가는 템스 강을 바라보니 모든 기억을 안고 있는 강물이 새삼 다르게 다가온다. 어차피 인생은 어느 날 햇볕에 따뜻하게 몸을 쪼이는 것에 불과하다고 누군가 말을 한 것 같다. 누군가는 사랑을 위해 목숨을 바쳤고, 누군가는 신념을 위해 고독과 유폐를 택한 것이리라. 그리고 그들의 숭고함은 성벽의 두께만큼 견고하다.

도시를 가장 쉽게 감상할 수 있는 방법은 런던의 아이콘인 빨간색 이층 버스를 타는 것이다. 2층 맨 앞자리에서 넓은 창으로 보이는 거리를 바라보면 VIP 좌석에 앉아 영화 보는 기분이 든다. 수많은 영화 속 배경이 되었던 런던의 풍경이 바로 내 눈앞에서 3D 영화처럼 펼쳐지고 운전사의 코너 돌기와 빠져나가기를 덤으로 함께 볼 수 있다.

런던을 제대로 보기 위해 전망대인 스카이가든에 올라가는 방법이 있는데 사전에 예약하고 시간에 맞춰 올라가면 무료로 멋진 경치를 눈에 담을 수 있다. 전망대에서 런던 시내를 바라보면 도심 곳곳에 보석같이 박혀 있는 초록색 공간이 보인다. 처음엔 무엇일까 했지만, 곧 그것이 공원이라는 것을 알게 되었다. 런던뿐만 아니라 다른 도시에도 공원이 많아 쉽게 접근할 수 있어서 부럽기조차 하다. 스카이가든과 더불어 또 하나의 유명한 전망대인 더 샤드는 런던에서 가장 높은 최고층 현대식 빌딩 중 하나로 런던 도시 전체를 볼 수 있는 멋진 전망대인데, 특히 타워브리지를 보기에 가장 좋은 장소이다. 건축 형태가 서울의 롯데타워가 아닌가 할 정도로 비슷하다. 더 샤드 32층 카페에서 바라본 런던의 경치와 홍차의 진한 향을 잊을 수 없다. 입장료와 카페 가격이 좀 비싼 편이지만 그런데도 충분히 즐길 만한 장소이다.

영국의 공원은 투박하지만 자연 그대로를 품고 있는 것이 특색이다. 다양한 사람들이 휴식을 취하거나 빌딩 숲을 벗어나 자연 속에서 숨을 쉴 수 있도록 해주는 공간이다. 런던의 공원은 숲과 잔디가 전부일 뿐 다른 인공적인 것들은 찾기 힘들어서 몇 걸음만 옮기면 도시에서 자연으로 순간이동을 한 것 같은 착각이 들 정도이다. 이러한 것은 영국의 문화적 전통도 한몫했지만, 과거 이 공원들이 왕실의 사냥터로 이용되었고 아직도 왕실 소유가 많아 인공적이며 상업적인 것을 배제한다고 한다.

 공원이 없는 런던은 상상할 수도 없을 것이다. 가장 인상적인 것은 탁 트인 개방감을 주는 초록빛 잔디다. 잠시 여유 있는 시간을 보내고 싶다면 데크 체어를 대여해 푸른 하늘만 바라보아도 저절로 힐링이 되는 느낌이고, 맨발로 잔디밭을 걸으며 잔디의 촉감을 느껴 보면 기분이 상쾌해진다. 공원에는 기증받은 벤치들이 많은데 벤치에 적힌 사랑하는 사람을 기념하는 글귀를 읽으면서 작은 의미를 부여해 보는 것도 뜻 깊은 시간이 될 것이다.

 영국인들이 흔히 마시는 에일 맥주는 호박색으로 미지근하고 풍미가 깊은 씁쓸한 맛이 일품이다. 런던에 오면 꼭 맛봐야 하는 에프터눈 티와 더불어 잊을 수 없는 추억이다. 애프터눈 티는 예쁜 3단 그릇 위로 살포시 올라 있는 스콘과 케이크 그리고 홍차가 전부지만 오후에 누리는 차 한 잔의 호사가 될 것이다.

애프터눈 티는 1841년 베드포드 공작부인인 안나 마리아가 시작했다고 알려졌다. 화려하게 수놓은 테이블 보, 멋진 찻잔과 티 포드 그리고 맛 좋은 디저트는 테이블 위의 럭셔리 그 자체이다. 애프터눈 티는 19세기 빅토리아 여왕 시대에 전 영국인에게 퍼져나가 하나의 문화로 자리 잡으며 단순한 차와 간식의 시간을 넘어서 소통과 교류의 장으로 오랫동안 생활 속에 깊게 자리 잡고 있다. 영국인들의 마음은 아직도 해가 지지 않았던 시대인 빅토리아 시대의 정서와 향수가 그리운 것이 아닌지 모르겠다.

 영국인은 왜 홍차를 좋아할까? 단순한 맛이 아니라 차 한 잔 속에 담긴 깊은 향과 거기에 녹아있는 역사와 문화까지 마시는 것이리라. 해가 지지 않던 옛 영화를 상상하면서 말이다. 그중에서 크림 티와 홍차는 스콘과 함께 먹어야 제맛이고 스콘에 빠질 수 없는 것이 클로티드 크림과 딸기잼일 것이다. 클로티드 크림은 아이스크림과 버터의 중간 정도로 고소하고 부드러운 맛이 일품이다.

 영국 음식이 맛이 없다고 알려져 있는데 피시앤칩스를 제외하면 떠오르는 음식도 별로 없다. 하지만 나는 영국에서 먹은 음식들이 꽤 맛있었다. 영국 음식 역사는 기후와 토양과 관계가 있을 것 같다. 유럽 다른 나라와 달리 다양한 작물이 자라기 어려운 환경도 한몫했을 것이다. 스코틀랜드는 주로 사냥한 동물 요리, 웨일스는 농경 문화가 발달해 가축과 야채 요리, 잉글랜드는 밀을 중심으로 한 곡물 요리가 발전해 왔다고 한다. 흥미로운 것은 주변이 바다임에도 불구하고 생선과 해산물 요리가 발전하지 못했다는 점이다. 하지만 이제 런던에서는 언제든지 각국의 다양한 음식을 만나 볼 수 있는데 영국인들이 가장 좋아하는 음식 중 하나는 커리라고 한다. 그들에게는 음식의 출신지가 크게 문제 되지 않는 것 같았다. 음식이 무엇이든 그냥 영국식이다. 물론 영국의 전통 음식과 거리가 멀지만, 다양성이라는 키워드로 세계의 식탁을 런던에 옮겨 한 접시에 담아 놓은 것이다.

걷다 보면 길바닥에 주의를 표시하는 것이 눈에 띄는데

이것은 바로 우리와 정반대인 운전과 교통 방식 때문이다. 운전석이 우측에 있고 차량도 좌측으로 운행되기에 자칫 사고로 이어질 수 있다. 수많은 관광객이 오가는 거대 도시이기에 이런 표식을 해 놓는 것이 아닐까 한다. 길을 건널 때 무의식적으로 반대 방향을 쳐다보는데 정말 조심해야 한다.

런던은 뮤지컬과 오페라, 박물관과 미술관 등 여행자에겐 꿈의 도시이고 수많은 기념비적 건축물이 존재한다. 나아가 셰익스피어뿐만 아니라, 《두 도시 이야기》, '스크루지'의 찰스 디킨스, 《해리 포터》의 J.K 롤링, 《반지의 제왕》의 J.R.R 톨킨 등 작가의 도시이기도 하다.

런던을 대표하는 예술가는 뭐니 뭐니 해도 셰익스피어

를 빼고는 말할 수 없을 것이다. 마네, 모네, 피카소 등이 파리를 대표하는 예술가이고, 모차르트와 베토벤은 음악의 도시 빈을 대표하고, 미켈란젤로와 라파엘로가 로마를 대표한다면 영국은 그림 또는 음악보다는 문학과 글을 쓰는 작가의 도시라고 부를 수 있을 것이다. 이것은 아마도 기후와 날씨의 영향이 큰 것 같다. 프랑스나 스페인 같은 날씨가 좋은 곳에서 느끼는 빛과 색감에 관한 영감이 이곳 영국과는 차원이 다른 건 아니었을까?

 여행 중에 한 번쯤 고민하는 건 바로 돌아가기 전 여행지의 기억을 담아갈 선물을 고르는 것 아닐까. 런던 향기가 폴폴 나는 선물이라면 포트넘 앤 메이슨이 맨 먼저 떠오른다. 물론 영국이 홍차의 나라이기도 하지만 영국을 대표하는 선물을 고르고 싶다면 여기만 한 데가 없을 것이다. 1707년 포트넘과 메이슨이 만든 영국의 대표적 식품과 홍차 브랜드로 영국 왕실에 납품하면서 더욱 유명해졌다. 2023년엔 찰스 왕세자가 국왕으로 등극하면서 나온 기념차가 인기를 끌기도 했다. 이곳은 왕실이 인정한 메이드인 잉글랜드로 'Royal warrant of Appointme-nt'를 가진 왕실이 주는 신뢰의 증표를 지닌 전통 있는 백화점 중 하나이다.

 리젠트스트리트는 피커딜리 서커스 역에서 옥스퍼드 서커스역으로 이어지는 런던의 대표적인 쇼핑거리 중 하나로 곡선대로가 매우 우아하게 펼쳐져 있다. 이렇게 곡선으로 도로가 만들어진 것은 마차가 달릴 때 오르막길이 직선이면 힘들 수 있어서 길을 곡선으로 만들고 길에 맞춰서 이런 멋진 곡선형 건물이 들어선 것이라고 한다. 넘쳐나는 관광객으로 붐비는 이 거리에 서 있으면 '아, 내가 런던 속에 빠져들어 가는구나!' 하고 느낄 수 있는 곳 중 하나이다.

 런던도 뉴욕처럼 도심 속 영화 촬영지가 꽤 많은 편인데 나는 그중에서 영국 로맨스 영화의 대표작 <노팅힐>의 촬영지 노팅힐을 찾았다. 영화가 개봉된 지 무려 20년이 지났지만, 노팅힐의 아름다운 풍경과 애절한 사랑의 분위기를 감상할 수 있는 이 멋진 동네에서 휴 그랜트와 줄리아 로버츠가 만났던 노팅힐 서점을 찾는 관광객이 아직도 많았다. 지하철역에서 걸어가는 동안 다양한 색으로 페인트칠을 한 멋진 주택들을 보는 것도 색다른 맛이다.

 노팅힐 하면 뭐니 뭐니 해도 노팅힐 서점이라고 할 수 있는데 서점 내부는 생각보다 작았지만 아기자기한 동네 서점의 분위기가 그대로 전해진다. 마치 내가 영화 속 주인공처럼 서점에서 한 장 인증 사진도 남기고 20여 년 전 청춘의 시간으로 거슬러 올라가는 감동을 느끼기에 충분한 장소이다. 이왕 온 김에 그 유명하다는 포토벨로 마켓까지 들러본다. 야외 테이블이 있는 카페에 앉아 차 한 잔을 마시며 멈춘 듯 떠 있는 구름을 바라본다. 이렇게 런던의 시간은 흐른다.

 런던에서 잠시 여유를 가지고 걸어보기 시작한다. 느리게 천천히 걸으면서 하나씩 둘러보며 음미하는 것도 멋진 추억으로 남을 것이다. 그중에서 템스 강을 따라 약 3시간 정도 걷다 보면 빅벤, 웨스트민스터 브리지, 런던 아이, 테이트모던, 밀레니엄 브리지, 세인트 폴 대성당, 런던탑과 타워브리지까지 런던의 대표적인 아이콘들을 감상할 수 있다. 이 길을 걸으며 만나는 사람들과 바람 소리, 템스 강의 물결을 통해 또 다른 런던을 볼 기회를 누리는 것이다. 이 코스는 영화 <러브 액추얼리>에도 나오는데 진짜 런던사람이 된 듯한 감동을 느낄 수 있다. 이것이 한 달 살기의 진짜 매력이다.

예술의 심장, 내셔널갤러리

내셔널갤러리 앞 트래펄가 광장은 언제나 사람들로 넘쳐난다. 광장만큼 인생이 한바탕 무대라는 걸 알게 해주는 곳도 없는 것 같다. 내셔널갤러리 앞 계단에 앉아 광장을 바라보며 셰익스피어의 <한여름 밤의 꿈>의 한 구절이 생각난다.

'온 세상이 여기서 나를 쳐다보는데 어찌 내가 이곳에

혼자 있다고 말할 수 있나요?'

 내셔널갤러리는 런던 트래펄가 광장이 내려다보이는 자리에 위치해 런던을 여행한 사람이라면 한 번쯤 다녀갔을 장소이다. 1824년 영국 정부가 미술애호가였던 앵거스틴의 30점을 시작으로 일반 대중에게도 관람할 수 있도록 한 것이 시초라고 한다. 이곳에서는 15세기부터 19세기 말까지의 작품을 주로 전시하는데 내셔널갤러리를 방문한 사람마다 개인적인 경험이 다르겠지만 파리의 루브르나 오르세, 또는 이탈리아의 우피치 미술관과는 다른 색다른 경험을 할 것이다. 소장한 작품이 상대적으로 적지만 양보다 질이라고 할 만큼 걸작들이 차고 넘친다. 내셔널갤러리는 4개의 블록으로 구성되어 있는데 가장 최근에 개장된 곳은 입구로 활용되는 세인즈버리윙이다. 재미있는 일화는 증축을 위한 공모에서 선정된 작품이 루브르박물관의 유리 피라미드를 뛰어넘는 파격적인 작품이었다고 한다. 당시 찰스 황태자가 반대하여 지금의 세인즈버리윙으로 증축되었다고 하는데 그만큼 파격적인 것보다는 전통을 중시하는 영국인의 심리가 반영된 것 같다.

프랑스 등 다른 유럽국가에 비해 영국을 대표하는 화가들은 그리 많지 않은데 개인적인 생각으로 영국의 날씨 때문이 아닐까 한다. 늘 우울한 잿빛 하늘로 뒤덮인 런던보다는 밝은 빛이 넘쳐나는 프랑스가 그림을 그리기에 적합한 환경이 아니었을까 짐작해 본다.

그런 면에서 윌리엄 터너는 영국을 대표하는 국민화가라고 불러도 손색이 없을 것이다. 터너의 대표작 비, 증기, 속도, 대서부철도(The Great Western Railway)는 빛과 색채와 광채 등 몽환적인 분위기를 띠고 있어서 자세히 보지 않으면 뭉개진 그림 정도로만 보일 뿐이다. 나 역시 몇 번이나 앞뒤로 그림을 살펴보았지만 희미하게 기차와 거기서 뿜어져 나오는 수증기 정도로만 추측될 뿐이었다. 그림을 보고 제대로 이해하기는 쉽지 않다. 꾸준히 관심을 가지고 남의 시선이 아닌 나만의 눈과 가슴으로 보는 감상 태도가 도움이 되기도 한다. 2~3시간 짧은 일정으로 몇몇 작품 앞에서 사진 찍고 휙 둘러보고 가버리는 관광객이야 어쩔 수 없겠지만 시간적 여유가 좀 있다면 체계적으로 3~4일간 세션별로 나눠 차분하게 감상해 보는 것도 영국에서 한 달 살기의 진짜 이유가 되기도 한다.

보고 싶은 그림 앞에서 느끼는 감동은 체험하지 못하면 결코 알 수 없는 것들이 있다. 왜냐하면, 직접 보는 것과 읽는 것은 차이가 있기 때문이다. 예술작품은 시간과 역사를 기록한 그 시대의 이야기를 전하기 때문에 관광하듯 스쳐 지나가서는 정말 중요한 것을 놓치는 경우가 허다하다. 나 역시 그렇게 관람한 경우가 대부분이어서 이번만큼은 시간에 구애받지 않고 발 닿는 대로 천천히 둘러보고 싶었다.

그림을 보며 나만의 답을 찾는다는 건 나에겐 정말 어려운 것 중 하나였다. 모호한 느낌에서 선명한 감각으로 그림을 이해하려 해도 복잡한 회로처럼 엉켜 버린 나를 발견하곤 했다. 이럴 땐 나는 그림과 대화를 하려고 시도해 본다. 거긴 어떤가요? 왜 그렇게 슬퍼 보이나요?

이렇게 그림에 묻고 답을 찾다 보니 조금씩 그림에 다가설 수 있었다. 많은 그림보다는 하나라도 제대로 그림을 그린 화가와 이야기를 나누고 이해하려 노력해 본다. 미술관을 채운 작품들은 그 시대를 대표하는 걸작들이고 예술가의 고뇌와 정성이 담긴 땀의 결정체라는 생각이 들어서 어느 것 하나 소홀히 할 수는 없는 것이다. 사람인지라 집중력도 떨어지고 계속 서서보고 걷다 보면 아차 할 때가 있다. 작품들은 쉽게 그림 속 이야기를 내게 전달해 주지 않기 때문이다.

당시의 상황을 그림으로 표현하기 위한 고뇌의 시간만큼 나 역시 그만한 정성으로 그림을 봐야 하기 때문이다. 관광객들은 빠르게 더 많이 관람하는 효율성이 중요하기에 고독한 예술가의 정신과 직접 대면하기가 어려운 것이 현실일 것이다. 그런 면에서 날을 잡아 이곳에 머무르는 시간이 더욱 소중하게 다가온다. 그런데 문득 내셔널갤러리는 왜 내셔널과 갤러리라는 이름으로 불리게 되었을까? 한편 궁금해진다. 아마 초창기 설립을 할 때는 로열이라는 이름으로 부르고 싶었을 텐데 당시 영국은 입헌군주제로 이미 명예혁명을 통해 시민들의 권리와 힘이 다른 유럽과 달랐기에 로열이라는 표현 대신에 내셔널이라는 이름으로 정해진 것이 아닌가 생각해 본다.

내셔널갤러리가 갇힌 무대라면 트래펄가 광장은 열린 무대일 것이다. 내셔널갤러리 입구 계단에 앉으면 탁 트인 광장에 분수가 반짝이고, 날씨가 좋으면 멀리 빅벤까지 보이는 사람들로 축제가 되는 광장이기도 하다.

트래펄가 광장은 영국인에게 매우 의미 있는 장소 중 하나이다. 1805년 트라팔가르 해전에서 프랑스의 나폴레옹을 물리친 영국의 제독 넬슨을 기리기 위해 만들어졌다. 넬슨은 우리나라 이순신 장군처럼 영국인에게 추앙받는 장군으로 그의 마지막도 이순신 장군과 비슷한 일화를 지니고 있다. 전투 중에 사망하면 보통 수장을 하는데, 넬슨 제독만큼은 그의 시신을 런던으로 모시고 와서 성대한 장례식을 치렀다는 일화가 있다.

 광장의 중앙에는 높이 솟은 넬슨 제독의 기둥이 있고 그 위에는 넬슨 제독의 동상이 런던을 내려다보고 있는데 마치 광화문광장의 이순신 장군 동상이 오버랩 되어 더욱 친근하게 느껴진다. 광장 주변엔 네 개의 거대한 사자상이 이 광장을 둘러싸고 있으며 런던의 상징적인 모습으로 누구에게나 기억되곤 한다. 영국인에게 역사적 의미와 자부심을 지닌 트래펄가 광장은 프랑스 나폴레옹의 유럽 지배 야욕을 물리친 자신감으로 영국인들의 정서가 살아 있는 곳이다. 트래펄가 광장으로부터 웨스트민스터 사원과 빅벤까지의 대로는 영국 그 자체라고 할 수 있을 것이다.

영국의 보물상자, 대영박물관

<그리스인 조르바>의 작가인 니코스 카잔차키스는 대영박물관을 방문하고 이런 말을 남겼다고 한다. "런던은 지저분하지만, 그 가운데 자리 잡은 박물관은 신들의 시간을 보관하고 있다." 그만큼 대영박물관에 대한 존경심의 표현이 아닐까 한다.

헬렌 켈러도 "만약 내가 3일 동안만 볼 수 있다면, 둘째 날에는 박물관에 갈 것입니다. 그리고 그곳에서 과거의 세계를 그리고 현재의 세계를 두 눈으로 보고 마음속에 고이 담아둘 겁니다."라고 말했다고 할 만큼 박물관은 인류의 생존과 삶 그 자체일 것이다. 나 역시 수천 년에 걸친 인류의 흔적을 볼 기회를 놓치지 않을 것이다.

누구나 어릴 적 자신만의 보물 상자 하나쯤 가져본 기억이 있을 것이다. 추억을 담은 보물 상자는 시간이 흘러도 사라지지 않고 가슴 한구석에 남아있다. 박물관은 인류에게 보물 상자 같은 것이 아닌가 한다. 시간과 공간을 뛰어넘어 옛사람의 숨결이 그대로 담겨있는 인류의 보물 상자라고 생각한다.

대영박물관의 소장품은 어마어마하며 그 가치는 상상을 초월한다. 하지만 이 수많은 유물도 18세기 제국주의 시대에 영국 고고학자들이 식민지에서 문화유산을 수집하거나 약탈했을 것이다. 이 거대한 박물관을 가득 채운 역사적 유물 대부분은 역사 속 그 현장이 아닌 런던 한가운데 있음을 매우 슬퍼하고 있으리라.

그런데도 세계 3대 박물관 중 하나인 대영박물관은 런던에서 반드시 봐야 하는 명소 중의 명소이다. 1759년에 설립된 박물관은 로제타석, 파르테논 신전 등 진귀하고 많은 양을 자랑하지만, 세계 최초의 국립 공공 박물관으로 개관 이래 무료입장을 하는 것이 더 의미 있다고 할 수 있다.

 박물관 입구로 가면 길게 벽을 따라 줄을 서 있는 사람들을 볼 수 있다. 예약하지 못했다 하더라도 조금 천천히 대기 줄을 따라 들어가면 큰 무리는 없다. 입구 좌측 편에 있는 보안 검색을 마치면 거대한 그리스 신전 같은 박물관 입구가 보인다. 많은 관광객이 이 위치에서 박물관 인증 사진을 찍는데 모두가 대영박물관에 다녀간다는 증거를 남기는 의식처럼 보인다.

 입구에 들어서면 거대한 그레이트 코트가 반겨준다. 그레이트 코트는 기하학적인 무늬의 캐노피 아래 펼쳐진 넓은 공간으로 첫인상은 밝고 웅장한 느낌을 준다. 너무 크고 사람들로 넘쳐나기 때문에 동선을 잘 짜야 하는데 입구의 안내지도를 보면서 관람하면 혼란을 피하고 박물관 여행에 도움이 될 것이다.

　대영박물관에서 내가 손꼽는 유물은 로제타석과 람세스 2세 흉상 그리고 엘긴 마블로 불리는 그리스 파르테논 신전이다. 1층 왼편에 있는 그리스, 로마 시대의 유물관이 가장 인기 있는 전시관이다. 전시관 입구부터 넘쳐나는 사람들에 떠밀려 그리스, 로마 시대로 자연스럽게 들어가게 된다. 200년 이상 빛나던 대영제국의 역사가 이곳에서 아직도 진행 중인 것처럼 보인다.

 뮤지컬 관람은 영국에서 꼭 해보고 싶은 것 중 하나였다. 왜냐하면, 뮤지컬의 고향이 바로 영국 런던이기 때문이고 세계 4대 뮤지컬로 꼽히는 '오페라의 유령', '레미제라블', '캣츠', '미스사이공'이 모두 웨스트엔드에서 탄생하였기 때문이다. 런던은 과거 셰익스피어 이후 연극과 뮤지컬이 탄생한 도시로 이탈리아의 오페라, 파리의 발레와 더불어 문학과 지성의 거점이기도 했다.

 뮤지컬의 본고장에서 제대로 된 뮤지컬의 감흥을 느끼고 싶었다. '레미제라블'이 1980년대 이후 가장 오래 공연되고 있지만, 한국에서 영화와 뮤지컬로 본 적이 있어서 두 번째로 오래 공연 중인 '오페라의 유령'을 보기로 했다. 특히 환상적인 오페라 유령의 주제곡을 현장에서 라이브로 듣고 싶었고 역사와 전통이 숨 쉬는 뮤지컬 극장 중 하나인 허 마제스타를 직접 보고 싶은 마음이 더 컸다.

뮤지컬 공연은 현지인과 관광객에게도 인기가 많아서 늘 매진이 되기 때문에 사전 예약이 필수이다. 극장에 들어가니 앞뒤, 옆 좌석 간격도 빡빡하고 움직이기도 여의치 않지만 좋은 공연을 본다는 기대감으로 관객들의 표정이 밝고 환하다. 뮤지컬이지만 오페라 하우스가 배경이라서 화려한 의상과 음악으로 재현되어 감동이 배가 되었다. 역동적인 무대 디자인과 조명, 의상 등 현장에서 직관하는 감동은 상상을 뛰어넘었다. 특히 마지막에 천장에서 떨어지는 조명과 현장에서 라이브로 연주되는 오케스트라의 음악은 소름 돋을 정도로 좋았다.

 누군가 런던을 여행한다면 꼭 이곳 웨스트엔드에서 오래된 극장과 뮤지컬 한 편 정도는 보면서 영국의 감성을 느껴 보면 좋겠다는 생각이 든다. 문득 왜 이곳이 뮤지컬의 본고장이 되었을까 하고 상상해 보니 16세기부터 유행한 셰익스피어의 연극 때문이 아닐까 하는 생각이 든다. 연극을 중심으로 극장들이 생겨났고 산업혁명 이후 상류층과 귀족들의 여가 공간으로 활성화되었다가 오페레타 등 다양한 공연 등이 이곳을 중심으로 공연되기 시작하면서 자연스럽게 뮤지컬의 중심지로 발전한 것이 아닐까 한다.

 이제는 웨스트엔드가 런던의 대표적인 문화적 명소로 자리 잡으면서 수많은 관광객이 한 번쯤 다녀가고 싶은 필수 코스가 된 듯하다. 늦은 밤 뮤지컬이 끝나고 런던

의 밤거리를 걸으며 왠지 모를 뿌듯한 맘이 든다. 런던에서 쓴 돈이 아깝지 않고, 두고두고 감동이 남아 있는 건 뮤지컬 공연이었다.

IV. 도시의 매력을 찾아서

요크셔 푸딩을 아시나요?

요크셔는 잉글랜드의 고도로 우리나라 경주쯤 되는 도시라고 생각하면 될 것이다. 영국 북동부 쪽에 있는 도시로 요크셔의 상징은 요크 왕가의 백장미 문장으로 잘 알려져 있다. 요크셔를 중심으로 벌어진 장미전쟁은 유명한 영국 왕위 쟁탈전 속 이야기로 조선 시대 단종이 영월 청령포에서 마지막 순간을 맞이했듯 런던탑의 악몽이 되풀이되고 결국 새로운 왕조가 탄생하게 되는 왕가의 슬픈 역사가 남아 있는 땅이다. 그래서인지 지역적인 정체성이 무척 강하며, 상당히 춥고 오지로 손꼽히는 지역 중 하나이다. 영국 왕 조지 6세가 '요크 역사는 잉글랜드의 역사'라고 말했을 정도로 2000년의 긴 세월에 걸쳐 로마, 노르만 등 수많은 민족의 교류와 전쟁이 있었던 땅이다. 영국이 네덜란드를 몰아내고 차지한 미국 뉴욕이라는 도시의 이름이 바로 새로운 요크, 뉴욕이라고 한다.

 영국은 기차요금이 비싼 편이고 예약하지 않고 임박해서 사면 더 비싼 것 같다. 런던 킹스크로스역에서 기차를 타고 3시간 정도 북쪽으로 이동해야 하는 거리에 있어서 영국 여행을 하는 사람 중에도 쉽게 요크셔를 여행하기 어렵고 우리에게 잘 알려지지 않은 낯선 땅이다. 그래서 더욱 가보고 싶었던 곳으로 역사여행을 하는 기분으로 출발해 본다.

 요크셔는 풍부한 역사와 자연적인 경관이 매력적인 도시로 역사적인 귀중한 자산을 가지고 있는데 특히 중세 성당과 박물관은 중세시대를 경험하고 싶은 사람들에게 의미 있는 시간을 제공해줄 것이다. 물론 런던 같은 화

려함은 없지만 진짜 영국을 알고 싶다면 요크셔 여행을 해보길 권하고 싶다. 그만큼 영국 역사의 산증인 같은 도시이다.

요크셔는 영국 최대 고딕 성당인 요크민스터와 중세 분위기가 고스란히 남아 있는 오래된 도시로 요크민스터는 영국 북부를 대표하는 성당이다. 성당에 장식된 아름다운 스테인드글라스는 잊지 못할 감동을 주기에 충분하다. 세계 최대 규모라고 알려진 동쪽의 스테인드글라스는 천지창조와 세상의 종말을 모티브로 만들었다고 하는데 입이 다물어지지 않을 만큼 화려했고, 남쪽의 스테인드글라스는 장미전쟁을 기념하여 튜더 왕조의 장미가 그려져 있어 그날의 기억을 전해주는 것 같았다.

중세시대 요크셔는 영국 북부의 세력을 견제하는 국경지대의 요새 같은 도시였다. 조선 시대 평양 같은 역할을 하던 제2의 수도라고 할 수 있을 것이다. 그러다 보니 런던을 제외하고 성이 두 개 이상 있는 도시는 요크셔가 유일하다. 두 개의 성 중에서 형태를 알아볼 수 있는 것은 클리포드 타워뿐이다. 정복왕 윌리엄이 북쪽에 남아 있던 노르만족을 견제하기 위해 세운 성인데 아쉽게도 대부분 소실되고 타워 하나만 남아 세월의 무상함을 그대로 보여주었다. 인생도 시간이 지나면 이렇게 추억 속 한 장면으로만 기억될 텐데 그저 앞만 바라보고 달려온 시간이 아쉽기만 하다.

요크셔의 눈으로 불리는 클리포드타워는 민스터 사원과 더불어 요크셔의 랜드마크 중 하나이다. 1322년 에드워드 2세에 의해 처형된 클리포드를 성벽에 매달아 두었는데 그때부터 클리포드타워라고 부르기 시작했다고 한다. 이름의 유래를 알고 나니 왠지 섬뜩한 기분이 들었다.

구시가지를 둘러싸고 있는 요크셔 성벽은 영국에서 가장 오래된 역사와 전통을 자랑하는 곳이다. 고대 로마인이 건축했다고 하는데 아직도 그 견고함에 놀라지 않을 수 없을 정도로 긴 시간이 흘렀지만, 변함없이 그 자리에서 도시를 지키고 있었다. 서울의 한양 도성길처럼 이 성벽 위를 걷고 있으면 마치 고대 로마 시대로 돌아간 것처럼 묘한 기분에 빠질 수 있다.

요크셔에도 우리나라 민속촌 같은 곳이 있었다. 바로 처마가 튀어나온 가옥이 즐비한 쉠블스이다. 이곳은 해

리 포터의 모티브가 된 쉠블스 골목길로 영화에서 해리 포터가 마법용품을 사는 상점이 나오는 데 아직 그대로 있었다. 쉠블스의 돌길에 첫발을 딛는 순간 나는 타임머신을 타고 중세로 순간이동을 한 것 같았다. 길 양쪽으로 나무로 된 상점들이 쭉 늘어서 있는데 상점들은 1층보다 2층, 2층보다 3층이 앞으로 튀어나와 처마가 닿을 듯 붙어 있었다. 지금은 각종 관광 상품을 팔고 있지만, 과거에는 원래 정육점으로 처마에 고기를 매달아 놓고 팔았다고 한다. 수백 년이 지난 지금도 무너지지 않고 굳건하게 이 자리를 지키고 있는 목조건축물 속에 묻어 있는 평범한 이들의 삶에 대한 열정이 부럽기만 하다.

요크셔역 바로 뒤편에는 철도박물관이 자리 잡고 있었다. 1829년 개통한 세계 최초의 증기기관차인 로켓호의 복원 차량도 볼 수 있고 증기기관차로는 세계 최대 속도로 달렸던 말라드호 그리고 빅토리아 여왕이 타고 다녔던 차량 등이 전시되어 역시 철도의 나라답다는 생각이 든다. 우리나라 철도박물관보다 규모가 어마어마하게 컸다. 산업혁명의 근간인 철도와 증기기관차가 런던이 아닌 요크셔에 있는 것도 요크셔의 깊이를 말해주는 것 같다.

요크셔 푸딩을 들어본 적이 있는지 모르겠다. 처음엔 푸딩이라고 해서 간단한 디저트류의 음식인 줄 알았다. 요크셔에 왔으니 전통 영국 요리 중 하나인 요크셔 푸딩을 먹어보기로 했다. 소고기와 감자로 속을 채운 요크셔 푸딩은 처음 본 순간 이게 뭐지 하는 당황스러운 맘이 먼저 들었다. 커다란 빵 속에 구운 감자와 익힌 채소를 넣고 그 위에 고기를 얹어서 나온 모양이 범상치 않아

보였기 때문이다. 영국에서는 일요일에 집에서 먹는 메뉴로 알려져 있는데 푸딩이라는 이름이 어떻게 붙었는지 신기할 따름이다. 오늘날에도 여전히 선데이 요리로 요크셔 푸딩이 빠지지 않는 것을 보면 영국인에게 소울푸드 같은 위치를 차지하고 있는 것이 아닌가 한다.

빌리 엘리어트의 고향, 더럼

딸이 더럼대학에서 주최하는 컨퍼런스에 초대를 받아 동행했다. 런던 킹스크로스역에서 기차를 타고 북동부 쪽으로 2시간 50분을 달려 도착했다. 전형적인 영국의 대학도시로 30~40분이면 시내 중심을 충분히 돌아볼 수 있는 작은 도시이지만 숨겨진 보석 같은 곳이다.

적갈색 돌멩이를 산더미처럼 쌓아 만든 것 같은 대성당이 우뚝 솟아 유유히 흐르는 위어 강을 굽어보고 있다. 도시 가운데로 강이 흐르고 오래된 다리들이 성과 대성당과 어우러진 중세시대로 들어온 기분이 든다. 더럼은 더럼대성당과 또 다른 상징인 프리밴즈 브리지로 유명하다. 물론 영국 내 유명한 대학 중 하나인 더럼대학이 자리한 곳이기도 하다.

 학교에서 제공한 학생기숙사에서 부득이하게 딸과 함께 묵기로 한다. 시내까지는 도보로 30분 정도이고 캠퍼스는 도시 여러 곳에 분산되어 있다. 기숙사는 1인실로 침대, 옷장, 책상, 의자로 구성되어 있고 작은 화장실에 몸을 돌리기도 어려운 샤워실이 같이 있다. 어쩔 수 없이 딸은 1인용 침대에서, 나는 바닥에 매트를 깔고 지내기로 했다.

 2평 남짓 되는 기숙사를 둘러보니 만감이 교차한다. 이 작은 공간에서 수많은 유학생이 꿈을 이루기 위해 참고 견디며 버티었을 것이다. 낡은 책상과 의자에서 이곳에서 처음 시작한 그들의 설레고 불안한 여러 마음이 느껴진다. 아마도 이곳에 와보지 못한 그들의 부모는 이 작은 방에서 지냈을 자녀들의 외로움을 알지 못할 것이다.

꿈을 향해 달려가는 용기와 도전이 있기에 청춘은 위대한 것인지도 모르겠다.

내가 자주 찾았던 장소는 도서관 앞 카페 야외 벤치이다. 2.3파운드짜리 커피 한 잔과 1파운드짜리 크루아상으로 하루를 시작하지만 오랜만에 느껴 보는 대학캠퍼스의 낭만이 나를 20대 청년 시절로 소환하는 것 같았다. 그때는 세상이 두렵지 않고 모든 것이 가능해 보였던 가장 행복했던 시간이었다. 지금 그때로 돌아간다면 나는 무엇을 할 것인가, 하고 상상하기도 한다. 다행인 건 지나가는 그 누구도 나에게 신경 쓰지 않는다는 점이다. 편하게 '멍때리기' 좋은 날 아침을 따뜻한 아메리카노 한 잔으로 시작한다.

더럼은 영월의 한반도지형 같은 모습의 도시로 중심에 더럼대성당과 성이 있고 오래된 건물들이 모여있다. 그 주위를 강물이 유유히 흐르며 강을 따라 호젓한 산책길이 잘 조성되어 있다. 산책길을 따라 1시간 30분 정도면 충분히 걸을 수 있는 적당한 길이다. 그리고 도시 곳곳에 대학캠퍼스가 있어서 더럼 자체가 대학캠퍼스 같다. 마치 작은 옥스퍼드라고 할까? 반나절이면 더는 돌아볼 것이 없다. 이곳을 다녀간 어떤 한국인은 더럼을 한국의 태백 같은 도시라고 했다. 태백은 석탄산업이 활기찬 시절도 있었지만 이젠 사라진 옛이야기가 되었고 도시 주변에 여러 박물관을 만들어 박물관 도시가 되었다고 한다.

학교 기숙사는 도심에서 30분 정도 걸어가야 하는데 버스는 15~20분마다 다닌다. 버스비도 만만치 않은 듯 대부분 학생이 걸어서 다닌다. 나는 버스를 기다리고 타는 것도 익숙지 않아서 편하게 두 발로 걸어 다닌다. 학교 입구에서 다시 기숙사를 가기 위해선 15분 이상 오르막길을 걸어야 한다. 그러다 보니 도심으로 나가는 일이 귀찮다.

아침, 점심은 학교 식당 같은 카페에서 해결하는데 처음엔 익숙지 않아 당황했지만 눈치껏 몇 번 하다 보니 이내 익숙해진다. 카페테리아식이어서 내가 식판에 담는 만큼 계산을 하는데, 처음엔 잘 몰라 차려진 음식을 모두 담았더니 가격이 꽤 나왔다. 다음엔 눈치껏 남들이 하는 것을 따라서 식판에 적당히 담는다. 연세 드신 카페 아주머니도 내가 영어가 서투른 것을 금방 눈치채고 적당히 알아듣게 말을 한다. 가끔 손짓발짓도 한다.

더럼은 영화 <빌리 엘리어트>의 배경이 된 도시이다. 빌리가 가족의 헌신적 희생을 바탕으로 성장하기까지의 이야기에서 자신의 꿈을 이루기 위해 이 도시로 모여든 청춘들과 작은 기숙사 방이 오버랩 되었다.

딸은 일주일 동안 낮에는 컨퍼런스에 참석하기에 나는 무료함을 달래기 위해 기차로 15분 거리인 뉴캐슬에 다녀왔다. 더럼에 비하면 뉴캐슬은 대단히 큰 도시이다. 공항도 있으니 말이다. 하지만 고즈넉한 영국식 건물보다는 현대식 건물이 많은, 활기차고 생동감 넘치는 항구도시이다. 마치 인천 같은 분위기랄까. 퇴락해져 가는 도시를 문화콘텐츠 도시로 변모시켰다는데 여행자가 피부로 느끼기엔 한계가 있다.

슬픈 신화의 땅, 스코틀랜드

런던 킹스크로스역에서 기차를 타고 1년 만에 다시 에든버러에 왔다. 킹스크로스역은 스코틀랜드를 포함해서 영국 북부지방을 연결하는 대표적인 역이고 《해리 포터》에 나왔던 역이라서 그런지 많은 관광객으로 붐비는 대표적인 역 중의 하나이다. 기차에서 차창 밖을 보면 넓은 평야와 양 떼가 보이는 평화로운 풍경이 계속되다가 북쪽으로 갈수록 경치와 건축물이 달라지는 것이 색다르다.

작년 여름 딸 졸업식 때문에 왔었다. 그때는 날씨가 좋았는데 오늘은 도착하자 비를 뿌린다. 스코틀랜드 특유의 습기 찬 공기가 격하게 환영한다. 지구 반대편 낯선 거리에서 차가운 비바람을 맞으니 지난 일 년이 꿈결 같다. 그을린 듯한 고풍스러운 건물과 흐린 날씨의 조화 속에 신화와 전설이 아직 살아 숨 쉬는 듯하다.

에든버러 역 이름은 웨이벌리이다. 잉글랜드에는 셰익스피어가 있다면 스코틀랜드에는 월터 스콧이 있다는 말이 있을 정도로 스코트틀랜의 자부심인 소설가 월터 스콧의 역사소설 이름으로 스코틀랜드인들의 존경심을 표시하려고 에든버러 기차역을 웨이벌리역으로 부르는 것은 아닌지 짐작해 본다. 프린스 스트리트 중간쯤에 있는 월터 스콧의 기념탑을 보자 영국과는 다른 나라에 와있는 것 같다. 재미있는 점은 파운화의 유통이 좀 다르다는 것이다. 잉글랜드에서 발행된 파운드화는 영국 어디서나 통용되지만, 스코틀랜드에서 발행된 파운드화는 스코틀랜드 내에서만 통용되는 점을 보면 같은 나라이지만 다른 나라 같다는 생각이 든다.

스코틀랜드 날씨는 런던보다 더 종잡을 수가 없다. 비가 내렸다가 그쳤다가, 조금 맑았다가 금세 흐려지는 등 종횡무진 변해서 여름이지만 긴소매 옷이 필요하다. 이곳은 영국 남부보다 바람이 거세고 구름이 많은 혹독한 날씨로 유명한데 부슬부슬 내리는 소나기, 흐리고 침침한 날씨 때문에 스코틀랜드 사람들이 차갑게 보이나 보다. 워낙 자주 비가 내리다 보니 현지 사람들은 대부분 비가 내려도 전혀 아랑곳하지 않고 비를 맞으며 걷는다.

에든버러는 두 개의 층으로 구분된 도시였다고 한다. 과거에는 왕족과 귀족만이 로열마일을 다닐 수 있었고, 일반 시민들은 로열마일을 피해 골목길과 지하로 다녔다고 하는데 지금은 그것마저도 관광코스로 개발되었다. 하지만 가장 에든버러다운 곳은 스코티시 전통복장을 입은 사람들의 백파이프 소리가 울려 퍼지는 로열마일이다. 에든버러성에서 홀리우드성까지 연결된 이 길은 왕족과 귀족들만 걸었다고 해서 로열마일이라 부르는데, 지금은 관광객으로 인산인해를 이룬다.

구시가지에 우뚝 솟은 에든버러성은 스코틀랜드의 심장

과 같다. 에든버러 시내가 내려다보이는 바위산에 자리 잡은 이 성은 과거 군사적 요새였다. 성에 들어가면 왕립궁전이 눈에 들어오는데, 비극적 일생으로 가슴 아픈 사연을 가진 메리 여왕의 이야기와 관련 있다. 메리 여왕은 스코틀랜드의 에든버러가 아닌 잉글랜드 땅 런던탑에서 최후를 맞이하지만 메리 여왕의 아들인 제임스 1세가 결국 잉글랜드의 국왕이 되는 반전의 역사가 있는 곳이다. 우연과 인연의 연속으로 막힘없이 펼쳐진 아름다움을 간직한 성을 바라보고 있으면 타임머신을 타고 과거와 현재가 공존하는 낭만의 도시 속으로 순간이동을 한 느낌이다.

스코틀랜드 하면 떠오르는 것 두 가지가 있다. 그중 하나는 스카치위스키이고 다른 하나는 타탄이라고 불리는

격자무늬 모직물이다. 스코틀랜드인의 자부심인 스카치 위스키는 보리를 오랜 시간 오크통에서 발효시켜 만든 술로 척박한 자연환경 때문에 밀보다 보리를 재배한 탓에 스카치위스키가 나온 것이 아닌가 한다. 타탄은 스코틀랜드 전통의 체크무늬인데 보통 양모로 짠 모직물이다. 에든버러성 바로 아래 오른쪽에 스카치위스키 박물관이 있고 맞은편에 모직물을 파는 대형 매장이 있다. 한 번 둘러보면 그들의 시간에 한층 더 다가갈 수 있는 계기가 될 것이다.

에든버러성에서 로열마일을 따라 홀리우드 궁전까지 천천히 내려오면 궁전 뒤편으로 에든버러의 지붕이라 일컫는 아서 시트가 독특한 절벽 모양으로 서서 반긴다. 이곳은 화산암이 침식해 생긴 봉우리로 에든버러의 전경을 360도 볼 수 있는 환상적인 전망대 역할을 한다. 아서왕의 의자라는 뜻으로 과거 전쟁에서 돌아오는 병사들을 아서왕이 맞이했다는 전설이 깃들어 있는 곳이다. 정상에 오르면 몸을 가누기 힘들 정도로 엄청난 바람이 몰아친다. 나에게 다시 바람이 불어오더라도 버티는 힘이 생기면 좋겠다는 기도를 해본다.

작년 에든버러에서 피시앤칩스를 먹었던 식당을 다시 찾았다. 이곳은 영국의 다른 식당과 다르게 주문하면 음식이 빠르게 나오는 점이 좋았다. 하지만 영국전통의 맛있는 음식은 그리 많지 않은 것 같다. 그 대신 이탈리아나 인도, 중국 등 다양한 나라의 음식으로 넘쳐난다. 일반적인 요리가 아니라 영국인들이 먹는 평범한 가정식 같은 음식을 먹어보고 싶었다. 작년에도 비슷한 생각을 했으나 그런 음식을 파는 식당을 찾지 못했지만, 이번엔 성공했다.

숙소 인근 주택가에서 테이블이 4개인 아주 작은 동네 식당을 찾았다. 우리나라에서 흔히 볼 수 있는 동네 작은 백반집 같은 분위기다. 인근에 사실 것 같은 할아버지가 오셔서 익숙한 듯 주인과 인사하고 음식을 주문한다. 늘 먹던 음식을 주문한 것 같다. 나도 가정식백반 같은 아침을 주문했다. 9시 30분 오픈 시간에 맞춰왔는데 10분도 안 되어서 테이블 4개가 찼다. 동네 맛집인지 다들 아침 먹으러 오는가 보다. 주방에서 아주 맛있는 버터 향이 나고, 프라이팬 소리가 들린다. 베이컨과 소시지, 블랙 푸딩과 화이트 푸딩, 구운 토마토와 버섯 그리고 콩과 계란프라이 등 소박하지만 풍성하다. 이 접시

안에 담긴 모든 것이 또 다른 이들의 세상과 접속하는 순간이 된다.

이번 에든버러 여행의 목적은 하일랜드다. 스코틀랜드 북부의 하일랜드는 거칠고 황량한 땅으로 자연 그대로의 거친 협곡과 갈색의 마른 수풀만 존재하는 땅이다. 하일랜드는 한마디로 야생 그대로 날 것 같은 느낌을 주는 곳으로 꼭 한 번 직접 눈으로 보고 싶었다. 인터넷으로 현지 여행사에 하루짜리 12시간 코스로 예약했다. 다음 날 아침 7시 40분 에든버러 버스터미널에서 16인승 중형버스를 타고 출발한다. 버스터미널 한쪽은 투어버스가 여행사별 또는 프로그램별로 대기 중이다. 출발하자마자 영어 듣기평가 시간처럼 가이드 겸 운전사 아저씨의 쉼 없는 설명이 이루어진다. 스코틀랜드 역사도 함께 이야기하는 듯 한데 억양이 거친 탓에 알아듣기가 만만치 않다.

광활함과 척박함 그리고 황량함 그 자체의 땅인 하일랜드는 마치 지구가 아닌 우주의 또 다른 행성에 내가 있다는 느낌이 들 정도로 환상적이다. 지나고 나서야 깨닫게 되는, 신이 만든 아름다운 놀이터 같은 이곳에서 사진으로 담아내지 못하는 감동을 눈과 가슴에 담아간다.

스코틀랜드의 민요는 구슬픈 한과 정서를 담아내고 있는데 우리의 아리랑과 아주 비슷하게 들린다. 역사적으로 스코틀랜드는 잉글랜드와 북방의 바이킹들에 의해 수많은 침략과 수탈을 당해 왔다. 우리와 비슷한 역사적 배경이 있는 것도 동질감으로 다가온다. 지금도 스코틀랜드인들은 영국인이 아니라 스코틀랜드인으로 살아가고 있다. 에든버러나 글래스고 등 스코틀랜드의 주요 도시에선 영국 국기인 유니언 잭 대신 스코틀랜드 기인 세인트앤드루스 깃발을 건다. <올드 랭 사인>을 낳은 땅과 호수 그리고 슬픈 신화가 남겨진 이 땅에서 들리는 맑은 백파이프 소리가 더욱 처연하게 울린다.

 하일랜드는 스위스나 북유럽의 아름다운 절경이 아니라 꾸며지지 않은 가장 솔직한 자연 회색지대이다. 태초의 신비가 느껴지는 땅 하일랜드는 일단 한번 출발하면 중간에 멈출 수 없다. 세상 끝까지 달려가는 극한의 고독과 쓸쓸함이 묻어 있는 땅, 펑펑 울고 소리쳐 불러보아도 아무도 신경 쓰는 않는 곳에서 부디 이 길이 끝이 아니길 바라며 현재와 과거를 잇는 위대함을 느낄 수 있었다.

그림 속을 지나가는 느낌이 든다. 배낭에 시간이 멈춘 듯 구름과 함께 걷는 트래커가 보인다. 더욱 가까이 다가온 태고의 신비와 스치는 바람도 수천 년 전에 시작된 것이 아닐까 하는 착각이 든다. 살면서 장엄하다는 표현을 몇 번이나 할 수 있을까. 바로 이곳이다. 눈마저 시원해지는 청청한 자연 속에서 비로소 느낄 수 있는 영화음악 같은 바람 소리가 천천히 들린다.

누군가 이 땅을 슬픈 신화 속 전설 같은 북방의 아테네로, 전설과 신화가 넘쳐나는 곳이라 했던가. 해리 포터가 탄생한 엘리펀트하우스, 프리덤을 외친 브레이브 하트와 아서왕의 전설이 있는 땅 그리고 포트윌리엄, 글렌피난의 다리 등 다큐멘터리에 나올 만한 환상적인 땅이 스코틀랜드이다.

도시 전체가 지붕 없는 박물관이라는 표현이 어울리는 도시, 에든버러이다. 빛바랜 건물을 바라보며 도시가 지나온 시간을 짐작해 본다. 손때가 묻은 진한 감동의 여운을 안고 있는 도시를 바라보며 이 자리에 다시 올 수 있을지 아니면 내가 보는 마지막 모습일지 뭔가 허전함이 몰려온다.

아름다운 칼턴 힐의 석양이다. 너무 멋지고 아름다운 풍경을 보면 눈물이 난다는 게 어떤 느낌일지 알 것 같다. 산마루턱에 앉아 바라보는 노을이 지는 풍광은 다시 오지 않을 아름다운 순간, 바로 지금! 여기를 지나는 것이 아쉬울 따름이다. 저 멀리 보이는 바다와 에든버러성은 그대로 하나의 그림이고 작품이다. 하지만 나는 시간이 흐른 뒤 또다시 지금, 이 순간을 그리워할 날이 오리라는 것을 알고 있다.

하일랜드의 황량한 들판과 에든버러성의 고독한 실루엣, 관목으로 뒤덮인 탁 트인 황무지에 저녁노을이 지는 스코틀랜드 특유의 풍광이 벌써 그립다. 태양은 겨울에는 오후 4시부터 검은 물감이 서서히 풀어지듯 빛을 감추지만, 여름이면 끈덕진 생명력으로 대지를 비춘다. 이곳에서 난 잠시 현실의 무게를 내려놓을 수 있었다. 여행은 그런가 보다. 내가 하일랜드와 하나가 된 듯 한 기분이 들고 인적 드문 하일랜드가 내 마음속에 커다랗게 자리 잡았다.

V. 영국의 이웃을 만나러

무엇이든 괜찮은 네덜란드

 유럽 지도를 보면 알겠지만, 영국과 유럽 다른 나라들이 대부분 비행기로 1~2시간 거리에 있는 편이다. 저가 항공기도 많은 편이어서 비교적 저렴한 가격으로 유럽 도시로 여행을 떠날 수 있다. 마치 우리가 제주도 여행을 가듯이. 영국에 온 김에 유럽의 다른 도시로 여행을 계획했다. 네덜란드의 암스테르담, 북유럽 중 덴마크의 코펜하겐, 노르웨이의 피오르를 보기 위해 여행 속 여행을 떠난다. 영국과는 다른 유럽의 도시를 보고 싶은 욕망이 다시 꿈틀거린 결과이다.

 네덜란드 하면 운하와 풍차, 튤립 정도로만 알고 있었는데 유럽의 작디작은 나라가 어떻게 금융과 무역의 중심지가 될 수 있었는지, 렘브란트와 고흐 등 유독 유명한 화가가 많은 나라인지 궁금해졌다. 드디어 여행 속 여행지인 암스테르담에 도착했다. 전에 경유지로 두 번 정도 암스테르담 공항에만 잠시 머문 적이 있었는데 이제는 직접 암스테르담을 보게 된 것이다. 다른 나라의 공항에 도착해서 입국 심사 마치고 나오면 늘 광장에 혼자 서 있는 이방인 느낌이 든다. 인생의 갈림길에서 헤매는 것처럼 어디로, 어떻게 가야 할지 망설이게 된다.

기차를 타려면 어디로 가야 하는지 개찰구는 어딘지 도통 알 수가 없다. 답답한 마음뿐이다. 막막하고 물어볼 곳도 보이지 않는다. 겨우 일단 기차를 탔다. 좌석 표시가 없어서 빈자리에 앉았는데 중간에 검표한다. 암스테르담 중앙역에 도착해 개찰구에서 스캔하고 밖으로 나왔다. 시원한 강 같은 바다가 보인다. 나중에 알았지만 여기선 기차표의 가격이 각각 다르다. 창구에서 사는 것이 가장 비싸고 다음은 자동발매기, 앱이 가장 저렴하다. 지독히 합리적인 체계이다.

크고 깨끗한 기차와 지하철(매트로)만 봐도 영국과 달리 암스테르담은 현대적 분위기가 물씬 풍기는 도시임을 피부로 느낄 수 있었다. 암스테르담 중앙역에서 숙소로 가기 위해 강을 건너야 하는데 강을 건네주는 페리는 무료다. 대기 중인 페리가 보여서 무작정 짐을 들고 뛰었다. 나중에 보니 거의 5분 간격으로 다닌다. 강을 건너는 지하철과 버스도 있지만 많은 사람이 무료인 이 페리를 이용하는 것 같다. 숙소 근처를 둘러보다가 우리나라 성수동이나 문래동 같은 분위기 속 피자 식당을 발견했다. 관광객은 거의 보이지 않는 현지인들만 아는 '찐맛집' 분위기로 보인다. 여행 중에 길을 걷다가 길바닥에 놓인 보석을 발견한 기분이랄까. 운이 정말 좋았다. 장작을 이용하는 화덕이 그리 흔하지 않은데 화덕 앞에서 구워지는 피자를 보며 암스테르담에서 첫 출발을 시작한다.

암스테르담을 돌아다니다 보면 언제 어디서든 다리와

유유히 흐르는 운하를 마주하게 된다. 레이스처럼 수놓은 40여 개의 운하를 연결하는 500여 개의 다리가 암스테르담이 아주 특별한 도시라는 것을 말해준다. 마치 거미줄처럼 연결된 수로와 배들이 넘쳐나는 도시로, 낮에는 관광객들에게 멋진 풍광을 선사해 주고 밤에도 운치 있는 그림처럼 감상할 수 있는 환상적인 도시이다.

내가 바라본 암스테르담, 네덜란드는 자전거의 나라이다. 소설가 버지니아 울프가 1935년 암스테르담을 방문 후 일기에 '자전거들이 찌르레기 떼처럼 몰려왔다.'라고 썼는데 똑 떨어진 표현이다. 이 도시에서는 그만큼 자전거를 타는 사람을 많이 볼 수 있다. 네덜란드 사람들의 자전거 사랑은 남다른데 아마도 지리적 영향이 커 보인다. 평평한 지형 덕분에 쉽게 자전거를 타고 이동할 수 있으며 자동차를 운전하기엔 좁은 도로와 주차난으로 자전거를 선호하는 것 같다. 암스테르담 도심과 주택가를 지나다 보면 잘 조성된 자전거 도로를 볼 수 있는데 자전거 전용 다리와 터널, 신호등도 있다. 로터리에서 자전거가 우선권이 있고 기차역 앞에도 수천 대의 자전거를 세울 수 있는 주차장이 있는 걸 보면 자전거 천국이라고 할 수 있을 것이다. 네덜란드는 인구보다 자전거가 더 많은 나라라고 하는데 암스테르담에 왔으니 나도 자전거를 타고 도심을 한번 달려봐야겠다.

렘브란트와 페르메이르 그리고 고흐로 대표되는 네덜란드의 암스테르담은 대마초와 성매매 등이 합법적일 정도로 세계에서 가장 진보적인 도시다. 골목마다 넘쳐나는 커피숍은 대마를 판매하거나 피우는 장소로 골목길을 다

니다 보면 대마 냄새로 머리가 띵할 정도이다. 아마도 네덜란드에 내려오는 전통 중 하나인 관용의 정신 때문이 아닐까 한다. 평평하고 탁 트인 지형으로 경계가 없는 덕분에 열린 사회, 관용의 정신이 뿌리내린 것이리라.

유네스코 세계 문화유산 중 하나인 잔세스칸스는 암스테르담에서 기차로 약 20분 거리에 있는 아름다운 풍차마을이다. 우리나라의 민속촌 같은 느낌을 주는 곳이다. 작은 간이역 같은 곳에서 내려 20분 정도 걸어가면 나오는 풍차마을을 보는 순간 내가 네덜란드에 왔구나 하고 실감 난다. 그만큼 가장 네덜란드다운 곳이기도 하다. 네덜란드인에게는 자연환경을 극복한 위대한 역사의 현장이기도 하다. 대자연과 혈투 끝에 얻은 소중한 그들의 땅이기에 경외심으로 풍차를 바라보게 된다. 너무나 푸른 하늘과 바다와 짙은 초록 평원과 물길과 어우러진, 지금은 수명을 다한 채 무심히 서 있는 풍차를 보며 나를 보는 듯 안타까운 맘이 들었다. 시간의 흐름은 결코 거스를 수 없는 진리이다.

 스페인과 독립전쟁 후 17세기는 네덜란드가 세계무역을 주름잡던 시기였다. 네덜란드의 황금시대에 막대한 부를 얻은 상인들은 예술가들을 후원했고, 예술가들은 그들의 구미에 맞는 그림을 그리기 시작했다. 이렇게 다양한 시장이 있었기에 네덜란드 화가들은 초상화, 풍경화, 정물화까지 다양한 장르에 수준 높은 그림을 그릴 수 있었을 것이다. 그런 이유로 네덜란드에 렘브란트에서 고흐까지 악기가 된 색채와 빛으로 유명한 화가들이 배출되지 않았을까 한다.

암스테르담 레이크 미술관은 1885년 붉은 벽돌과 흰 벽돌에 뾰족한 탑, 삼각형 슬레이트 지붕으로 지었는데, 지금까지 그 자리를 지키고 있다. 거기서 만나게 된 형 클어진 머리칼의 우울한 렘브란트 자화상은 나의 미래 같아서 슬퍼 보였다. 그 유명한 야경은 복원 중인 상태로 전시가 되고 있으며, 페르메이르의 우유를 따르는 여인도 거기에 있다.

내가 암스테르담을 선택한 첫 번째 이유는 고흐 미술관을 찾기 위해서였다. 영국으로 출발하기 전에 고흐 미술관 입장권을 예약해 두었는데 2~3개월 전에 예약하지 않으면 관람이 어려울 정도로 인기가 많은 곳이다. 레이크 미술관에서 5분 정도 거리에 있어 예약한 시간에 고흐 미술관을 본 후 레이크 미술관을 보면 더 좋은 여행 스케줄이 될 것이다. 고흐의 작품을 직접 보는 것은 정말 감동적이었다. 고흐의 그림은 감정과 열정이 화폭에서 나에게 그대로 전달되는 것 같았다. 생전에 그린 수많은 그림이 1점 정도 판매되고 나머지는 가족들이 보관하게 되었는데 팔리지 않은 덕분에 지금 이렇게 온전히 볼 수 있다고 생각하면 인생의 아이러니라 할 수 있을 것이다.

마지막으로 찾은 곳은 헤이그의 이준 열사 기념관이었다. 광복절이 코앞이어서 관광지는 아니더라도 한 번쯤 찾아갈 의무 같은 마음이 생겼다. 암스테르담에서 기차로 약 1시간 거리인 헤이그는 네덜란드의 행정수도로 많은 국제기구가 모여 있는 곳이다. 헤이그 시내에서 가까운 곳에 있는 기념관은 헤이그 특사 세 사람이 머물던 숙소 건물에 세워진 작은 기념관이다. 지금도 먼 길인데 그 당시 세 사람이 러시아를 거쳐 여기에 오기까지의 여정이 얼마나 고되고 힘들었을지 상상조차 되지 않는다.

 약소국의 설움과 나라를 잃어가는 안타까움으로 이준 열사는 순국했다. 그렇게 잊혀가던 이들의 이야기는 네덜란드에 거주하는 한인 부부가 이 숙소가 매각된다는 소식을 듣고 자비로 기념관을 만들었다고 하니 더욱 감

동이 크다. 아무도 알아주지 않던 시절에도 묵묵히 이곳을 지키고 계신 이분들에게 존경을 표한다. 헤이그 이준 열사 기념관을 찾아가는 길에서 우리가 싸우고 있는 것을 보여 줘야 한다는 영화 암살의 멋진 대사가 떠올랐다. 그 덕분에 기념관 근처에 있는 스피노자도 만날 수 있었다.

풍차와 운하, 하이네켄과 자전거의 도시에서 중앙역을 오가다 만나게 되는 감자튀김과 알버트카위프 시장에서 맛본 달콤한 와플은 암스테르담을 괜찮은 도시로 기억하게 할 것이다.

인어공주를 만나다, 덴마크

 북유럽은 우리에겐 결코 가까운 곳이 아니다. 한국에서 14시간 이상 비행기를 타야하고, 지리적·문화적으로도 이질감이 큰 나라이다. 그래서 더욱 북유럽을 경험하고 싶었는지 모르겠다. 암스테르담에서 코펜하겐까지 비행기를 타고 이동했는데 저가 항공이다 보니 비행기 연착은 다반사이다. 그런데 이런 일이 일상인 듯 누구 하나 인상을 쓰거나 불평 없이 기다릴 뿐이다. 유럽 내 특히 EU 공항은 기차역이나 버스터미널처럼 별도의 출입국심사나 세관 검사 없이 보안 검색만 하면 비행기 탑승이 가능하고 착륙 후엔 짐만 찾아서 나가면 된다. 공항 입출국 심사를 위해 대기하는 것이 익숙한 나에겐 그저 신기할 따름이다. 마치 서울에서 제주에 가는 것처럼 암스테르담에서 출발한 비행기는 코펜하겐 카스트럽 국제공항에 한 시간 만에 도착했다.

자, 이제 도심으로 들어가야 하는데 모든 표지판에 영어가 없다. 순간 당황했지만, 정신을 가다듬고 자동발매기에서 매트로 표를 사서 전철에 올랐다. 검표도 개찰구도 없다. 우이신설선 경전철처럼 무인으로 운행되는 3량짜리인데 좌석은 한쪽 면에만 있고, 자전거를 가지고 타는 사람이 많다. 나올 때도 개찰구가 없다. 현지인들이 사용하는 카드를 스캔하는 곳은 있지만, 개찰구는 아닌 것 같았다.

코펜하겐은 상큼한 느낌의 도시라는 인상을 주었다. 너무도 푸른 하늘 아래 삼각형 지붕을 가진 파스텔톤 건물들이 빈틈없이 붙어있고 깨끗한 거리에는 자동차보다 더 많은 자전거가 오간다. 작은 운하마다 세워진 요트들이 하얗게 빛난다. 거리를 걷다 보면 코끝을 자극하는 빵

냄새가 진동하는 곳을 만나게 된다. 바로 코펜하겐의 빵집이라고 불리는 락세에후세이다. 다양한 종류의 빵과 샌드위치를 파는 곳인데 나에겐 연어 샌드위치가 최고였다.

뉘하운은 누구나 찾아가는 관광명소이다. 시내에서는 동양인들을 보기 어렵지만, 뉘하운 부근에 가면 많은 동양인, 특히 한국 단체 여행객들을 심심치 않게 볼 수 있으며 낯익은 억양의 한국말을 들을 수 있다. 모두 기념사진 찍기에 정신이 없어 보인다. 한때 이곳은 안데르센이 집세를 내지 못해 방황하며 살았던 곳으로 유명하다. 그래서인지 안데르센 박물관이 한쪽에 자리 잡고 있었다.

부두를 따라 앙증맞게 들어선 알록달록한 사각형 건물들은 사진 속 그대로이다. 뉘하운은 덴마크어로 '새로운 항구'를 뜻한다. 수백 년 전인 17세기에 조성된 코펜하겐의 대표적 항구지만, 아직도 '새로운 항구'로 부르는 것이 인상적이다. 부두를 따라 일렬로 늘어선 카페엔 수많은 관광객으로 넘쳐나고, 밤이면 야경 속으로 빠져들게 되는 아름다운 항구이다.

풍요의 여신과 비운의 공주가 있는 카스텔레는 수풀과 호수로 이루어진 청량한 공원이다. 이곳은 코펜하겐을 방어하기 위한 요새로 만들었다고 한다. 도심 속 휴식공간으로 멋지게 변신한 요새를 보고 있으니 문득 서울의 몽촌토성이 떠오른다. 흙으로 쌓아 올린 도톰한 성벽은 이제 여행자를 위한 아름다운 산책로가 되어준다. 요새

입구엔 제1차 세계대전 당시 사망한 덴마크 선원들을 추모하기 위해 만든 게피온 분수가 힘차게 물줄기를 뿜어내고 있다. 게피온 분수의 전설에 따르면 게피온이 황소네 마리와 하룻밤에 땅을 파내어 지금의 코펜하겐이 있는 섬이 되었다고 한다.

사실 이곳이 유명한 이유는 따로 있다. 게피온 분수가 있는 곳에서 해안을 따라 조금 걷다 보면 세계에서 가장 유명한 동상 중 하나인 인어공주가 있기 때문이다. 누구나 찾아가지만, 어김없이 실망을 금치 못하는 인어공주가 바위 위에 작고 아담하게 놓여있다. 한적한 바다에서 100년이 넘도록 자리를 지켜온 인어공주가 너무나 쓸쓸하게 보였다. 그런데 수많은 관광객이 인어공주를 배경 삼아 사진을 찍는 모습을 보니 한편으론 위안이 된다.

가녀리고 작은 인어공주 동상은 그동안 수많은 고초를 겪었는데 그때마다 덴마크 정부는 굴하지 않고 인어공주를 부활시켰다고 한다.

인어공주의 나라에서 인어공주만큼 유명한 것이 또 있다. 바로 레고이다. 레고는 1932년 덴마크의 어느 시골 목수가 만들었는데 레고라는 이름은 덴마크어로 '잘 놀다'라는 의미라고 한다. 레고는 초창기엔 가구 등을 제작하고 남은 자투리 나무로 만들었는데 지금은 나무 대신 플라스틱으로 제작하여 세계적인 브랜드로 자리매김하고 있다. 덴마크에서 탄생한 멋진 레고는 아마도 안데르센처럼 동화의 나라이기에 가능했을 거라고 상상해 본다.

덴마크 코펜하겐엔 궁전이 세 개나 있다. 서울에 조선시대 궁궐이 5개 있는 것처럼 말이다. 뉘하운에서 가까운 곳에 아말리엔보르 궁전이 있는데 아직도 여왕이 거주하는 곳으로 성벽이나 경계가 보이지 않는 평범한 궁전이다. 이 궁전 입구에는 영국처럼 털모자를 쓴 근위병들이 지키고 있어 색다른 구경거리를 제공하기도 한다. 두 번째 궁은 로젠보르 궁전이다. 17세기에 붉은 벽돌로 세워진 이 궁전은 유럽의 다른 나라 궁전보다 소박하지만 은은한 부드러움이 넘치고 성 아래의 정원과 연못의 조화가 인상적이었다. 마지막 궁은 도심 한가운데 세워진 크리스티안 궁전이다. 이 궁전 안으로 들어가기 위해 석조다리를 건너자 넓고 탁 트인 광장이 나타났다. 좌우 대칭이 완벽한 이 궁은 화려하지는 않지만 위엄있는 모습으로 나를 내려다보았다. 지금은 국회, 대법원, 총리가 함께 일하는 곳으로 변모되었는데 이렇게 국가권력이 한군데 모여 있는 것 자체가 신기할 따름이다. 여긴 관광지가 아닌 현재가 살아 숨 쉬는 또 다른 역사의 현장인 것이다.

유럽의 다른 도시를 여행할 때 꼭 찾아가는 곳이 있다. 바로 그 도시의 도서관이다. 여행자에게 작은 쉼터 같은 공간을 제공하기도 하고 그들이 살아가는 또 다른 모습을 엿볼 수 있는 공간이기 때문이다. 가끔은 화장실 문제를 해결할 수 있는 최적의 장소이고 입장료도 무료여서 자주 찾게 된다.

 코펜하겐에 있는 왕립도서관은 북유럽에서도 가장 큰 도서관으로 알려져 있는데 현재는 국립도서관과 코펜하겐 대학교 도서관으로 쓰인다. 이 도서관의 신관은 블랙다이아몬드라고 부르는데, 외벽이 검은색 대리석과 유리로 되어있어 멀리서 보면 하나의 조각품 같다는 생각이 들 정도로 환상적이다. 내부는 가운데가 천장까지 뻥 뚫린 구조로 통창으로 들어오는 햇살이 도서관을 빛나게 한다. 이곳에 있으면 온종일 책 속에 파묻혀 지내도 좋을 것 같다는 생각이 든다. 실제 열람실까지는 들어가지 못했지만, 도시마다 이렇게 아름다운 도서관을 가지고 있는 것이 부럽기도 하다.

피오르의 나라, 노르웨이

노르웨이 오슬로에 도착했다. 진정한 북유럽에 온 것이다. 막연하게만 여겼던 북유럽 땅을 밟으니 이제야 겨우 실감이 난다. 나는 왜 북유럽에 오고 싶었을까? 멀고 먼 땅에 대한 호기심과 막연한 기대감, 쉽게 경험하기 어려운 땅에 대한 동경심이 아닐까. 오래전에 보았던 '노르웨이 숲'이라는 책 제목이 생각이 난다. 오슬로는 1049년 바이킹의 왕이 건설한 도시였다. 한때는 덴마크와 스웨덴 지배를 받다가 독립하여 1924년에 오슬로라는 이름을 되찾기도 한 기구한 운명의 도시이기도 했다. 그러다 보니 노르웨이 국기는 덴마크와 스웨덴의 국기를 합친 모양과 비슷한 노르딕 십자가 디자인에 빨간색과 파란색의 조합으로 이루어졌다. 오슬로는 비교적 근대적 건물이 많이 보이는 깨끗한 이미지로 청량함 그 자체이다. 북유럽이 다 비슷하겠지만 특히 노르웨이의 물가는 살인적이다. 일반적인 생수 한 병 가격이 5천 원이 넘고 간단한 햄버거도 우리나라의 두 배 수준이었다. 워낙 물가가 비싸다 보니 선뜻 지갑을 열기가 만만치 않았다.

북유럽에 찾아온 날 날씨가 기막히게 좋았다. 맑고 투명한 하늘에 눈이 시릴 정도이다. 이런 날은 마냥 걷고 싶은 욕심에 무작정 오슬로 중앙역에서 오페라 하우스까지 걸어본다. 오페라 하우스는 바다 위에 하얀 천을 대각선으로 널어놓은 듯 한 자태에 유리 벽으로 건물을 지어서 바다와 잘 조화된 곳으로 오슬로의 현재를 보는 듯 했다.

이곳 사람들은 오슬로의 요한스 거리를 노르웨이의 샹젤리제로 부를 정도로 자부심이 대단하다. 이곳엔 오슬로 시청사가 있는데 이곳이 유명해진 이유는 노벨평화상 시상식이 스웨덴이 아닌 오슬로 시청사에서 열리기 때문이다. 시청사와 더불어 오슬로의 자랑은 도심에서 약간 떨어진 비겔란 공원으로 수많은 조각이 나를 반기는 것 같다. 특히 최고의 작품은 정면 중앙에 우뚝 솟은 모노리탄일 것이다. 석공 세 명이 121명의 인간 군상을 표현했다고 한다. 실제 인간의 표정을 엿보는 듯 인간의 유한한 삶을 알 수 있을 것 같은 느낌이다. 많은 조각상과 더불어 숲과 드넓은 잔디는 또 다른 북유럽의 정취를 느끼게 한다.

오슬로에 온 목적은 피오르를 만나기 위해서이다. 기차와 버스 등 대중교통을 이용해야 하는데 긴장부터 되었다. 오슬로 중앙역에서 8시에 출발하는 뮈르달행 열차를 탔다. 기차는 4시간 정도 달리는데 우리나라 기차와 아주 달라서 신기한 기분이 먼저 들었다. 우선 열차와 열차 사이에 어린이를 위한 놀이방 같은 시설이 있어 장시간 여행하는 어린이들이 지루하지 않도록 배려하는 점이나 기차 좌석을 줄여 유모차를 실을 수 있는 칸을 마련한 것이 남달랐다. 이래서 복지의 나라라고 하나 하는 생각부터 들었다. 4시간 기차 여행은 전혀 지루하지 않을 정도로 변화무쌍했다.

도심을 벗어나자마자 숲과 너른 들판이 나타나고 곧 짙은 푸른색 호수와 설산들이 보이기 시작한다. 지금이 8월 한여름인데 눈을 보다니 그저 와 하는 감탄사만 나올 뿐이다. 스위스나 이탈리아의 알프스는 전형적인 산악풍경이라면 이곳은 완만하고 바위와 폭포, 호수가 넘쳐나는 좀 더 원시적이며 신화 속 주인공이 나올 것 같은 땅이다.

8시에 출발했으니 기차 안에서 식사를 해결해야 한다. 워낙 물가가 비싼 편이어서 기차에서 판매하는 간단한 샌드위치 가격도 놀랄 정도이다. 그런 이유로 마켓에서 샌드위치 빵과 햄, 치즈를 사서 도시락처럼 간단한 샌드위치를 만들어 왔다. 그런데 기차에 탄 다른 승객들도 나와 비슷하게 자신이 가져온 샌드위치 등으로 식사한다. 평범한 사람들의 생각은 대부분 비슷한가 보다.

뮈르달에 도착하니 한여름인데도 싸늘한 공기가 날 감싼다. 냉동고 안에 들어온 느낌이다. 작은 간이역인 뮈르달은 플롬 산악열차를 타기 위해 거쳐야 하는 필수 코스이다. 20~30분을 기다리니 플롬행 열차가 들어온다 이 산악열차는 지정좌석제가 아니어서 창가 자리를 앉기 위해 모두 뛰기 시작한다. 다행히 창가 쪽에 자리를 잡는 데 성공했다. 옆자리의 노부부가 연신 카메라로 기막힌 풍경을 찍기 시작한다. 연식이 오래되어 보이는 디지털 카메라로 찍고 계시지만 표정만큼은 너무 밝아 보였다. 어디서 오셨는지 물어보니 독일에서 오셨다면서 은퇴 후 이렇게 아름다운 자연을 찾아 여행 중이라고 하신다. 부러워서 나도 저 나이에 꼭 해보고 싶다는 마음을 가지게 된다.

 열차가 잠시 멈춰 밖을 보니 경이로운 풍경이 나타났다. 거대하고 웅장한 폭포의 물줄기가 바로 눈앞에서 쏟아지고 있었다. 갑자기 물안개 속에서 숲속의 요정이 나타난 듯 우아하게 춤을 추는 여성이 보였다. 한 마리 나비처럼 부드러운 춤은 마치 천상의 세계에 들어온 느낌이 들었다. 열차가 계곡을 따라 내려가는 중에 협곡과 폭포의 장관이 파노라마처럼 계속되는데 이래서 여길 오나 보다 생각이 든다. 드디어 구불구불하게 길게 이어진 협곡을 지나 눈부시게 푸른 8월의 태양 아래 저 멀리 붉은색 플롬역과 수정처럼 빛나는 피오르가 숨이 멎을 정도로 환상적인 모습으로 다가온다. 내가 보았던 사진 그대로이다.

피오르는 '내륙 깊이 들어온 만'이란 뜻으로 빙하기에 침식된 거대한 U자형 깊은 계곡에 바닷물이 유입되어 만들어진 길고 좁은 만을 뜻한다. 그중에서 송네피오르는 무려 길이가 240㎞에 달하는, 노르웨이에서 가장 큰

피오르로 알려져 있다. 열차에서 내리자마자 대기하고 있던 크루즈에 오른다. 크루즈는 플롬에서 구드방엔까지 속도를 체감하지 못할 정도로 물 위를 미끄러지듯 나아간다. 병풍처럼 둘러싸인 협곡 사이에 하늘이 뚫린 방향으로 짙푸른 피오르가 계속된다. 깊이를 알 수 없는 바다 아닌 바다 위에 있다는 것이 실감 나지 않는다. 이 거대한 자연 앞에서 인간의 나약함은 그대로 드러나고, 무엇인지 모를 가슴속 깊은 곳에서 한숨이 나온다. 영원하지 않은 시간에서 영원할 것처럼 사는 나를 돌이켜 본다.

<솔베이지의 노래>로 유명한 베르겐에 도착했다. 어느새 밤 10시 북유럽 여름은 어둠에 타협하지 않고 굳건하다. 축복받은 땅 베르겐의 하늘과 바다는 경쟁하듯 푸

름을 자랑하고 있었다. 베르겐을 한 번에 보기 위해 플뢰이엔 전망대로 향했다. 항구 북쪽에 솟아있는 산 정상에서 베르겐의 전경을 볼 수 있기에 누구나 한 번쯤 찾게 되는 곳이다. 베르겐의 풍경이 발아래 멋진 조각보처럼 펼쳐져 있었다. 바로 이게 북유럽이지 하는 감탄사가 나온다. 멋진 풍광을 뒤로하고 숲길을 따라 걸어 내려간다. 노르웨이 숲을 내가 거닐고 있다는 환상 속에서.

누구나 더 좋은 삶과 더 행복한 미래를 만나고 싶어 한다. 이것에 대한 답을 길고 먼 북유럽의 여정에서 찾게 었으면 하는 바람이다. 다른 세상을 통해 나 자신을 돌아보는 시간이 되길 소망한다. 이것이 내가 떠난 여행의 이유이기도 하다. 막연히 북유럽을 그리워하는 이유 중 하나는 위로와 치유, 행복이란 무엇인가에 대한 답을 찾는 여행일 것이다. 무엇을 위해 열심인가, 왜 열심인가, 그 열심이 정말 맞는 길인가. 구슬픈 솔베이지의 노랫말과 멜로디가 귓가를 맴돈다.

'겨울과 봄이 오더니 지나가 버리고, 이제는 여름날도 사라져가고 한 해가 저물어 가는구나!' 이렇게 내 인생의 시간도 덧없이 흘러가는 듯 한 서글픈 생각이 든다.

VI. 여행의 끝, 새로운 시작

여행은 계속된다

여행을 마치고 돌아온 서울은 아직도 한여름처럼 무덥다. 북유럽의 짧은 여름에 비하면 9월의 하늘이 오히려 반가울 따름이다. 이제 아무 일도 없었던 것처럼 하나의 여행이 끝났고, 추억 가득한 사진들만 남았다. 다시 반복되는 일상이 여행의 그림자를 지워내고 있었다. 이번 여행은 바쁘지 않도록 여유를 가지고 한 달 살기를 한 셈이다. 마음 가는 대로 지치지 않도록 공간을 열어 바람이 통하는 그런 시간이었다. 이런 여행이 오히려 나에게 더 많은 선물 같은 감동을 주었다.

돌이켜보면 꿈과 목표를 향해 달려가던 순간도 있었다. 그 순간이 언제나 즐거운 것만은 아니었지만 열정만큼은 넘쳐나던 때였다. 빛과 어둠 속에서 달려가던 지난 시간이 그리워지기도 한다. 정상에 오르면 하늘과 맞닿은 곳에서 계속 머물고 싶고, 한편으론 떨어질까 두려움 속에 마음 졸이며 살았던 적도 있었다. 하지만 정상에 오른 사람은 누구나 알고 있다. 하산은 피할 수 없는 숙명임을, 그리고 내려와야 다시 더 높은 산에 올라갈 수 있다는 것을. 이제 내 길을 가는 행복한 사람이 되고 싶다. 누구도 아닌 나만의 속도로 천천히 걷고 또 걷고 싶다.

조금이나마 후회 없는 인생으로 남길 원하며, 주어진 이 세상 모든 것들을 사랑하며 살고 싶다. 내가 여행을 떠났던 이유도 누군가의 시선이 필요 없는 곳에서 오롯이 나에게만 집중하는 시간이 필요했고 그 속에서 작은 불씨라도 찾기를 원했기 때문이다. 이름 모를 이방인으로 나만의 특별함을 발견하고 온전히 내 마음으로만 살아갈 수 있는 인생을 위해 이 멀리까지 떠나오는 것이 아닌가 한다.

내 인생 추억의 앨범 속에는 너무도 그리운 시간이 담겨있다. 언젠가 다시 밝은 표정과 멋진 포즈로 살아 있음을 알게 하는 그런 날이 오기를 바라는 간절한 마음이다. 그리운 것은 이미 되돌릴 수 없지만, 그 시간을 기억한다면 내 마음은 언제나 그곳에 다녀올 수 있을 것이다. 여행과 계절은 참으로 잘 어울리는 단어 중 하나일 것이다. 봄의 토스카나, 여름의 지중해, 가을의 파리, 핀란드의 겨울. 이 모든 것들을 꿈처럼 간직하며 내일의 여행을 계획해보자.

기차를 타고 에든버러로 갔던 길은 시시각각으로 달랐다. 높고 푸른 하늘이었다가 낮게 드리운 구름 속을 지나기도 하고 비가 내리다가 그치기를 반복했다. 마치 변덕스러운 사람의 마음처럼 다가왔다. 창밖 풍경이 지나가고 날씨가 변하듯 인생도 계속해서 변화한다. 행복이 머물다가 가는 것처럼 아픔도 왔다가 물러나기도 한다. 소용돌이 같은 감정의 늪에 빠지지 않도록 그저 내가 원하는 목적지에 도착해서 병풍 같은 자연을 마주하게 되기를 바라면서 살아가면 될 것이다. 그렇게 모든 마음은 흘러간다.

누구나 가슴속에 소박한 꿈이 하나씩은 있을 것이다. 그 꿈은 가만히 잠자고 있다가 새벽녘에 갑자기 나를 깨우듯 찾아온다. 잊고 지냈던, 기억조차 가물거리는 그것이 한 번씩 발버둥을 칠 때가 있다. 크고 화려하지 않지만 아직은 빛나고 있음을 증명하려 애쓴 적도 있다.

인생도 여행도 혼자이지만 늘 혼자인 것은 아니었다. 그런데도 여행을 멈추지 않았던 이유는 고독함과 처절함 속에서 보고 싶은 그리운 사람이 있었기 때문이다. 어쩌면 나는 외롭기 위해 이 여행을 떠난 지도 모르겠다. 외롭고 쓸쓸함 속에서 방황하는 나를 만나고 질문에 답을 구하고자 했을 것이다.

인생도 그렇듯이 모든 여행이 행복과 낭만으로 가득 차는 것은 불가능하다. 슬픈 상실은 겪기 전까지는 누구도 이해할 수 없는 감정이기 때문이고 그러니 이렇게 일탈 같은 여행으로 치유하고 싶은 간절한 소망이다. 그것은 다시는 맛볼 수 없는 아름다운 날이고 낭만 같은 하루였음을 기억한다. 하지만 하루하루 휘몰아치는 비바람 속에서 겨우 살아 냈던 나는 여행하는 자체가 인생이었다.

여행은 도전이고 매 순간 새로움의 연속이다. 내 인생에서 길을 잃고 헤매고 있을 때 방향을 알려주는 이정표 같았다. 여행에 대단한 의미를 부여할 수도 없지만 역시 떠나본 사람만 알 수 있는 것이 여행이다. 먼 길을 떠나려면 잘 정리되고 가벼운 배낭이 필요하듯 가끔은 비우고 버려야 생각지도 못했던 것들을 채울 수 있는 것이 바로 여행이 아닐까 한다. 그래서 난 자꾸 여행을 꿈꾼다.

누군가 묻는다. 왜 여행을 하느냐고. 하지만 쉽게 답을 찾을 수 없는 문제이다. 이 질문은 마치 왜 사느냐고 묻는 것과 비슷하기 때문이다. 여행한다는 것은 결국 자신을 다시 보는 일이기 때문이다. 누구나 불확실성을 싫어하기 마련이다. 늘 다니던 길로 다니고, 늘 먹던 것만 먹고, 늘 하던 대로 하려고 하는 것이 인간이다. 여행은 낭만 속에서 늘 즐거운 일만 있는 것이 아니라 힘들고 피곤하기도 하고 예기치 못한 당황스러운 사건이 생기기도 한다. 그 불안하고 예기치 못한 불확실성이 내 삶을 다양하고 풍부하게 만들어 줄 것 같은 믿음이 있었다. 여행 중에 느끼게 되는 행복한 감정들을 오래오래 간직하고 싶었다. 사진 한 장을 찍기 위해 기다림, 느긋하게 공원 벤치에서 즐기는 여유로운 차 한 잔, 해 질 무렵 달라지는 하늘빛, 이런 소소한 기억과 작고 평범한 것이 축복임을 그때는 잘 알지 못했다.

여행은 인생처럼 내가 좋아하지 않고, 익숙하지 않은 것에 다가설 수 있는 용기를 주었고 다른 방식의 삶과 문화를 이해할 수 있는 시간을 만들어 주었다. 특별한 여행은 바로 이런 것일 것이다.

이 여행의 경험은 온전히 나의 것이다. 같은 날 시작한 인생도 여행처럼 똑같을 수는 없을 것이다. 타인의 성공을 무작정 좇을 필요도 없고 타인의 실패를 피할 이유도 없는 것이다. 누군가의 경험은 그저 그것에서 내가 필요한 만큼만 내 인생에 반영하면 되는 일일 것이다. 내가 무엇을 원하고 무엇을 얻고자 하는지 자신에게 끊임없이 묻고 답해야 하는 과정이 필요한 것이다. 여행은, 인생은 자기 자신의 이야기이고 자기와의 치열한 싸움 속에 성장, 발전하기 마련이기에 자신에게 귀 기울이며 자기만의 삶과 여행으로 만들어보면 좋겠다.

인생도 여행이고 여행도 인생이다. 일본의 소설가 무라카미 하루키는 그의 여행 에세이 《먼 북소리》에서 '이건 여행이 아니라 마치 장애물 경기를 하는 것 같다.'라고 말했을 정도로 여행은 겉보기와 달리 낭만으로 가득 차 있는 것은 아니다. 인생을 살아가는 것과 마찬가지로 여행도 불편하고 당황스러운 일들 사이사이에 벼락 치듯 내리는 행복이 있기 때문이 아닐까. 벅차오르는 감동을 주는 대자연과 처음 맛보는 음식, 낯선 여행객에게 건네는 따뜻한 미소에 대한 감사함이 있기에 여행을 계속하는 것일 것이다.

 여행은 그곳에 두고 온 나를 찾아가는 여정이라는 생각이 든다. 누구나 자신의 여행 이야기를 전하듯 자신의 인생 이야기를 할 때가 올 것이다. 삶이 지나간 자리에 흔적과 이야기가 남듯이 여행 속 이야기가 남아 있을 것이다. 나를 찾아가는 여행은 내 인생의 물음에 답을 찾는 소중한 추억이며 기록일 것이다.

마치며

실패한 삶을 원하는 사람은 없다.
삶은 실패와 성공을
몇 가지 조건으로 판단할 수 없을 것이다.
여행도 길 위에서 실수와 낭패로
실패로 기억되지 않기를 바랄 것이다.

그러나
계획대로 이루어지는 여행이 얼마나 될까?
그것이 가능하다고 해도 그런 여행에
가슴 떨릴 울림이 있을까?
인생도 정해진 길과 답이 없어서
가치가 있는 것이리라.
인생도 그런 의미에서 여행이다.
인생이 여행이라면 나의 여행은 슬프다.

2024년 12월
박종국

60대, 영국에서 한 달 살기

초판 1쇄 2024년 12월 1일

글/사진 박종국

펴낸곳 이분의일
주소 경기도 과천시 과천대로 2길 6, 테라스원 508호
전화 02-3679-5802
이메일 onehalf@1half.kr
홈페이지 www.1half.kr

출판등록, 제2020-000015호
ⓒ박종국, 2024
ISBN 979-11-94474-01-2(03810)

이 책에 실린 글과 이미지의 무단복제를 금합니다.
이 책 내용의 전부 또는 일부를 재사용하려면 반드시 출판사의 동의를 받아야 합니다.